Xocolata

OLGA XIRINACS

COLUMNA JOVE

Primera edició: setembre de 1994
Disseny gràfic: Ricard Badia

Carrer Provença, 333 - 08037 Barcelona
ISBN: 84-7809-677-9
Dipòsit legal: B. 23.053.1994
Imprès a Hurope, S.A.
Carrer Recared, 4 - 08005 Barcelona
Fotocomposició: FET-B
Carrer Navas de Tolosa, 259 - 08026 Barcelona

El telèfon. Ara està en silenci però es comença a escalfar. L'aire de la tarda fa olor de noies sortint d'escola. Noies de cabells rebels recollits amb un elàstic de seda de colors. Noies amb cabells dòcils deixats anar sobre el llibre d'estudi a la taula de casa. Noies que esperen, que sempre esperen. Algú es mira el rellotge i es passa la llengua golosa a poc a poc sobre els llavis. Ja s'acosta. Vibren els cables.

El telèfon sembla innocent, posat a la tauleta baixa al costat de la butaca còmoda, per enraonar de gust i deixar-se portar més enllà del paisatge de casa. Mobles de caoba al menjador. Roche Bobois clàssic i provençal segons els dormitoris. Parquet i catifes perses. Vidre i porcellanes als prestatges. Pocs llibres i massa nous, ben arrenglerats, de venda a domicili i pagament a terminis.

Està cansada d'estudiar. S'ha fet fosc aviat i ja ha encès la pantalla de color carbassa amb bombeta blava, llum de dia. S'estira de braços i mira la pila de llibres i llibretes, el pot de ceràmica en forma de Snoopy ple de bolis i llapis. Els auriculars penjats d'un clau. Els prestatges amb cassets. L'ordinador que li acaben de portar els Reis.

Pitja les tecles i sent el soroll buit que no escriu

perquè no està connectat. És com si piqués closques. És una pantalla de plàstic, i al darrera, res de res. Rengles i manyocs de tubs de colors. Allò és un mort. És fred, com el dia d'avui, tretze de gener. Un dia gris com si hagués de ploure, i una tarda pesada.

Avorrida, es mira el radiador de la calefacció, que fa un soroll de budell regirat. La casa és un ventre ple de budells que porten aigua bruta i neta, artèries de gas i d'electricitat. I dintre de tot, ella, com un cuc al seu capoll de seda. Han estudiat això. Hi ha un bon professor de ciències que porta diapositives i vídeos on els cucs es descargolen, es treuen la pell, fan llum per una panxa blanca i tova. Ecs, quin fàstic, deia tota la classe. Però el professor es veu que estima els cucs, les orugues peludes, els pregadéus femella que es mengen el mascle amb un gust que fa enveja.

El mascle. El pregadéus té uns ulls com de globus verd. Es podrien punxar i sortiria un líquid cristal·lí. Es desinflarien, segur. El professor de ciències és un bon mascle. Porta ulleres i també sembla que els seus ulls siguin dos globus enormes i les ninetes al fons de tot, com puntes d'agulla. Un dia se'l menjarà alguna femella i no anirà més a l'institut amb la seva cartera de cuir i l'anorac d'ecologista. El professor riu, però la mantis no. És dolenta, la femella mantis, però ella no en té la culpa. L'han feta així.

Com a ella. A ella també l'han feta així. ¿Com l'han feta? No està acabada de fer, diu la mare. Té el cos com una noia gran, però el cervell de dotze anys. Dotze... En té catorze i el mes d'abril en farà quinze. Quinze, ja. Fa molt temps que té ganes d'arribar als quinze anys. Quan era petita i entrava a col·legi veia les noies grans que feien els seus grups, tan altes, tan llunyanes que li semblava que no les podria tocar, com les estrelles. Mai no li farien cas, aquelles noies grans. No la miraven ni els importava gens ni gota que ella fos al món. ¿A qui importa, que ella sigui al món?

I ara ja hi arriba, ja és tan alta com elles. ¿I què? ¿Què hi ha dalt de tot d'aquest cel on vivien les noies grans que reien, tenien pits i es començaven a pintar? ¿Què hi ha? Doncs un munt enorme de llibres i més llibres. Tardes inacabables d'estudiar allà dins, amb la llum carbassa de bombeta blava. De sentir la calefacció. De sortir a preparar-se un te i menjar xocolata amb avellanes. I després al mirall per treure's els grans que fa sortir la xocolata. De fullejar d'amagat les revistes de la mare i saber com follen les espanyoles, les daneses, les portugueses i les negres. No, potser les negres no. El reportatge era de dones blanques.

A ella també li agradaria saber-ho, això. I no com ho expliquen les revistes, sinó sentint-ho al cos. Aquest cos que es fa gran com el de les erugues i que representa una més de les dones que follen. Nena, no ho diguis així, sisplau. ¿Doncs com, mare? No ho has après aquí a casa, això. No, mare, aquí no. Ho ha après dit a l'orella com una confidència o entre riotes, com un acudit que no feia riure sinó imaginar. Imaginar ¿què? Un parell d'adolescents que no saben on posar les mans, que es despullen i no saben per on començar i que... Res més. Això és tot. Imaginació.

No obstant, hi ha alguna cosa més que poden fer les noies grans. I ara ella és gran. Perquè Coro

Valverde és la model més jove, la revelació de la temporada i té setze anys. Va cenyida amb un vestit de punt negre escotat, porta collaret llarg de pedres fosques, talons alts, té llavis amples, cara de gata, ulls lluents i dents on es veu una llengua brillant darrera, a punt de sortir. Setze anys. I Coro amb barret d'ala ampla, a la discoteca de moda, rebent flors al costat de princeses que riuen i models mortes d'enveja perquè ella és tan jove i elles no saben què fer amb les primeres arrugues als llavis.

Sí, aquesta cosa la pot fer. S'aixeca del llit i escolta si tots són fora. El pare no arriba fins a les vuit. La mare és a veure Magdalena, la filla gran, que ha tingut un nen i la necessita. Conxita, que fa hores a la tarda arreglant la casa, acaba de marxar perquè són les sis, i abans de marxar ha picat a la porta de l'habitació, nena, marxo. Però ella s'ha d'assegurar que són tots fora.

Obre la porta i en el silenci sent els petits motors, els cors de la casa: la nevera i el congelador, el rellotge de paret, l'automàtic de la caldera del gas. Seu a la tauleta del telèfon i marca el número. Arriba la connexió especial. Sempre a aquesta mateixa hora. És l'hora que tots es troben, i no falten mai. Ara ella entra en un món de dona de veritat. És a dir, troba els homes. No els nois de cara granosa i veu canviant amb qui comparteix el paquet de pipes torrades i els mals acudits que volen ser obscens. No. Els cables del telèfon la condueixen a un món d'homes de qui encara no sap l'olor ni el gust però que està decidida a tastar així que en tingui ocasió.

—Sóc Antònia. Hola, Lluís. ¿Què fas?

En realitat es diu Francesca.

—Antònia, ¿sabies que no s'ha de preguntar mai, això? Et pots trobar que algú et digui la veritat.

—Això vull, que em diguis la veritat.

Francesca-Antònia somriu en ondulacions de veu que volen acariciar, allargant les paraules i tancant a mitges les parpelles. Aquí abandona les paraules eixutes, de col·legiala, i es torna melosa, perquè ell s'hi enganxi.

I ell s'hi deixa enganxar.

—M'acabava de dutxar. Vaig nu i faig olor de massatge perquè m'he fregat el cos amb una loció d'ampolla vermella que es diu... endevina.

—«Desert», segur que és «Desert». En puc sentir l'olor, mmm... ¿És «Desert»? ¿I per què et dutxes a aquesta hora?

La veu d'home es nota somrient, no massa, perquè ella no en desconfiï. Per la curiositat i les preguntes l'endevina molt jove. Tendra. Deuen ser les primeres trucades, encara que les adolescents són precoces, dolçament precoces, ingènuament precoces. Vol tenir-la així i no revela res que la pugui espantar. És tan tènue, la veu dins del cable i el cable en l'aire, que les paraules han de ser forçosament suaus i llargues perquè es mantinguin, perquè s'enllacin. Per això es truquen. Per enllaçar-se.

Milions i milions de cables i fibres òptiques enllacen veus compostes de saliva, moviment de llavis prims o molsuts, músculs vermells i rosats, mucoses i pell. Tot en moviment gràcies a les xarxes telefòniques i als serveis especials. I a ell li convé mantenir la connexió.

—Mira, em dutxo perquè he fet exercici. Gimnàstica, ¿saps? Pesos, flexions, tot això. Sí, la colònia és «Desert». Regal de Reis. Discos, colònia, entrades pel concert dels Storm. Coses dels de casa. Tot molt normal.

—Sí, a casa també... Un ordinador. M'he de llegir un munt d'instruccions i no ho sé... Sí, ja el faig anar a estones. Fitxes, sobre tot de ciències.

—¿Ciències?

Gairebé se li escapa el riure. Ciències! Ara la nena li surt amb ciències. Oh, la tendra col·legiala es va confiant. Deu fer olor de xocolata i colònia de llimona. No se li ha d'escapar. No se li escaparà. S'ho promet ell mateix. Es coneixen de la tertúlia. Paraules dites sense pressa, apuntant la ironia, volent saber, deixant saber més del que hi ha en realitat. Una pantalla. Tothom s'amaga darrera d'una pantalla o dins d'un cable. Però així i tot, el cable pot arribar a lligar, a enllaçar molt fort.

Ella el pensa suat, suat i mig nu perquè fa exercici. I tovalloles blanques, com el noi suau i musculós de l'anunci, aquell anunci que les porta boges. Potser no. Si és molt modern tindrà tovalloles negres i el bany serà de marbre blanc. I ell deixat anar tot nu entre escuma de bany blavosa. No gosa acostar-se massa al cos perquè el pensament juga amb alguns llocs incitants. Ell, és clar, ja li ha dit abans, nena, no preguntis aquestes coses. Ella li ha preguntat què feia. Podia fer coses fascinants. O podia inventar-se-les. Però ell no l'ha enganyada. Li ha dit que feia gimnàstica. Si hagués volgut fardar, hauria començat a riure i a dir alguna porcada. Ja els coneixia, aquests. Però Lluís no, Lluís era una altra cosa.

—Lluís...

—Antònia... ¿i tu, què feies? Ara m'ho pots dir, ¿no? ¿Estàs sola?

Nena, no diguis mai que estàs sola. Li han recomanat milers de vegades. Sembla com si a tota la ciutat només hi haguessin ulls espiant les noies soles. Soles a casa, a les botigues, als carrers, als parcs. Però aquí és el telèfon i ella no és ella, que és Antònia. És com si portés una màscara i ell no la pot veure.

—Sí, estic sola. En aquesta hora tothom marxa, sinó, no et podria trucar, que em sentirien. Era al llit perquè estava avorrida d'estudiar.

—¿Al llit? ¿Vestida?

—És clar, a aquesta hora...

—Totes les hores són bones per veure cossos bonics. Cossets com el teu... teniu calefacció, a casa?

—Sí.

Ella es mira el radiador, que li fa companyia, tan calentó com un gat, com un ós de peluix, com una mà.

—¿Per què no et despulles per a mi?

Ella fa un salt a la butaca i el cor li va més de pressa. És com si ell l'hagués pogut veure per algun conducte, cable, pantalla amagats, que ella no sabés. I no, la casa és tancada. És un sisè pis. Les cortines estan tirades i ningú no pot intervenir. No es pot espiar dins amb prismàtics, teleobjectius, telescopis. Ha vist pel·lícules. Sempre hi ha un maníac que es dedica a espiar i retratar. O simplement tafanejar, com li agradava fer a Hitchcock. La mare diu que hi té mania. Des que vaig veure *La finestra*, i tants anys que fa, nena, sempre tiro les cortines quan es fa fosc. Li puja una calor a les galtes. Per altra banda, al fons més fons d'ella mateixa li agradaria que ell...

* * *

Efectivament, ell s'ha dutxat i ara parla per telèfon mentre deixa desfer el gel al got amb ginebra, menta i nou moscada. Excitant. El got dóna voltes a les seves mans. S'escalfa, com el telèfon, en la tarda freda del tretze de gener. La llum és de tons blaus sobre moqueta color fúcsia. El contrast incitant, modern, de disseny, encara que algú diu que el disseny ja no té cap valor. Però fa mascle. Mascles de línies dures, sense concessions. De barres niquelades, de suor provocada al gimnàs, de converses sobreenteses amb altres mascles que valoren l'audàcia. Audàcia, sí. El món és per apropiar-se allò que té de bo. No tothom pren les mateixes coses, però gairebé. Les han anunciades tant... Pengen com fruita sucosa quan es té set. Sols cal alçar la mà i prendre, prendre, prendre.

És clar que amb l'altra mà has de pagar el que prens. És prou sabut que cada cosa té un preu, i aquesta és una llei establerta i acceptada. Cada vegada és més difícil que et donin alguna cosa sense pagar. Però el que resulta excitant és sortir a caçar. Les bones preses més aviat són escasses, i si se n'ensuma alguna val la pena seguir el rastre molta estona. Jugar al gat i la rata. Deixar anar el fil i estirar, estirar.

A les vuit ha de marxar. El pare el vol allà. Saludar senyors importants, aquí el meu fill, que fa les primeres armes, com se sol dir. Tres estrelles Michelin. ¿Què vol dir, això? És un establiment acreditat. Potser el més acreditat de la ciutat. Els fogons més nobles. La televisió, les revistes, la competència, la guerra sorda per atraure els famosos a taula. De tant en tant se n'ha de subornar algun. Ja se sap, l'aristocràcia també fa aigües i els hereus tenen les mans foradades. Que seguin gratis, i aquell dia dina allà el reporter amic, també subornat, tot amb somriures delicats, tan delicats com la cuina exquisida.

I el noi a França, a prendre lliçons, a fer de pinxo després d'haver passat la FP. A investigar els orígens del foie-gras en la bromosa història del Perigord i a rostir hortolans de les Landes amb olor de resina de pi. Bon nas i bona llengua. I bones mans, és clar. Ara fa servir les mans a la cuina del pare, que després serà seva si sobreviuen a la crisi que amenaça com una bèstia negra ajaguda als fogons.

Es dutxa quan arriba a casa, després de complimentar les taules on els importants es conten acudits en veu alta i rialles grolleres i els refinats mantenen converses íntimes en veu baixa. Convenen més les taules rodones de deu i de dotze comensals que discuteixen de negocis que les de parella en celebració privada. I no convenen gens les taules de dinars o sopars oficials, que no liquiden a temps i fan trontollar l'economia de la casa.

Lluís A. ja ho sap, tot això, però procura oblidar-ho les poques estones que és a casa sol. Llavors es dutxa per treure's l'olor de cuina, que per exquisida que sigui és de cuina. Es dutxa al seu bany privat, comunicat amb el dormitori, on hi té el telèfon. Ell sí que té telèfon a l'habitació, però també espera ser sol per trucar o per rebre trucades.

La mare porta la comptabilitat del restaurant i tenen un apartament a sobre, on a vegades es queden durant el dia. Després de sopar tornen a casa. Ell, Lluís A., s'estima més estar sol i va a casa a la tarda.

De fet, tampoc no es diu Lluís A. Lluís A. és el nom de cacera, el nom dels contactes, de les tertúlies per telèfon. ¿Què hi ha, darrera de la A?, pregunten els nois i les noies. Ell no ho diu, deixa que s'ho imaginin i els promet que un dia d'aquests els ho dirà. No, ell es diu Manuel, Manuel O., que vol dir Manuel Olaya Berastegui.

Els nens i nenes de les tertúlies mai no són el que són, i tots ho saben. De sis a vuit de la tarda, de dotze a dues de la nit, els amics sense cara posen les veus com estrelles en un cel immens i desconegut, tot per explorar.

Manuel O. remena el gel i mou la llengua mentre li pregunta a Antònia, la col·legiala, per què no es despulla per a ell. Està segur que la col·legiala s'ha posat vermella, tot i que sap que el telèfon no transmet els colors. És curiós. En tot el temps que porten trucant-se, ¿quant deu fer? quatre mesos, perquè va començar quan l'estiu s'acabava, ja nota que ella depèn molt del que ell digui. S'ha enganxat. S'ha enganxat i aquesta nena s'ha d'aprofitar. S'acaba la beguda i la conversa amb Antònia.

Manuel Olaya treu el seu Hyundai del garatge.

Força i suavitat. A córrer, que s'acaba el temps. Té una hora justa i aquesta bèstia poderosa serà com una pantera travessant la jungla. S'enfila per la Via Màxima, trenca pel pas subterrani i surt a la zona residencial Cala Blanca. Pinars, silenci, la propaganda ofereix un petit paradís que s'estén mar enllà amb els esports nàutics. Visqui a Cala Blanca tot l'any. És un privilegi. A cinc minuts de cotxe des del centre. Diversions per grans i petits. Restaurants. Port esportiu. Vida nocturna, màxima discreció.

En realitat, els fabulosos xalets s'han posat a la venda per culpa de la crisi. Els restaurants passen més pena que glòria i el supermercat exhibeix una verdura que sembla el rebuig d'una botiga de barriada. L'asfalt necessita una bona repassada i els fanals fa temps que els van trencar a cops de pedra. Però la vida nocturna sí que funciona. Hi ha tres locals discrets, i en això tenien raó els anuncis. Molt discrets.

Manuel deixa l'esportiu davant mateix del «Noir». No hi ha forasters, però comencen a arribar els habituals. Ell, avui, s'hi estarà poca estona. Ja és fosc. En aquesta època es fa de nit aviat i aquí sembla que glaci i tot. El cel està com per nevar i comencen a caure volves espaiades. Entra al «Noir», tot miralls i decoració en negre i blaus. Un simple cop d'ull basta per veure el panorama. Demana un «noir», que és creació de la casa. És un combinat de xampany amb plàtan i pebre negre polvoritzats. El xoc dels secs amb la untuositat del plàtan en fan una combinació incitant que convida a beure més. Activa la llengua i prepara l'estómac.

Al capdamunt del taulell hi ha George Steiner

que beu en silenci, capficat. El deixa estar. Deu tenir cabòries. Pregunta per la Berta. El cambrer fa un gest volent indicar que és clar i que hi ha via lliure. Manuel es mira el rellotge i li demana que faci baixar Berta. El cambrer toca un timbre i apareix Berta a l'escala. Mira qui la crida i somriu amb una mica de mandra mentre baixa a poc a poc. Seuen en una taula i Berta demana una tònica.

Queden pel cap de setmana. La nit de diumenge la tindrà tota per a ell. Assenyala amb el cap, fora, on el Hyundai S. s'espera, quiet, quan podria volar per la carretera. Llàstima de tenir tan poc temps, però Manuel ha de treballar. Treballar li dóna pasta. El seu pare li dóna pela llarga, és cert, però per això mateix cal que el tingui content. Així no es fica tant en la seva vida. I a més, Berta no n'ha de fer res, d'això. Manuel paga i paga bé, de manera que si no és ella ja se'n buscarà una altra, que prou n'hi ha en tots aquests bars dels defores, que per elegants que vulguin ser no són altra cosa que tuguris de carretera. Manuel sembla que escupi les paraules i Berta sent fred quan l'escolta.

Se'n va. Ara neva una mica més. El «Noir» té un petit motel al costat, on es poden llogar habitacions també amb la màxima discreció. Per això hi va Manuel, perquè no vol complicacions. La direcció ho té molt en compte. El client ha de poder confiar per sobre de tot. I el servei compleix i calla.

A les vuit en punt deixa el Hyundai a l'aparcament del restaurant. Entra a l'ampli rebedor de tons malva amb pintures de Josep Sala, bells paisatges que asserenen i preparen per a una plàcida distensió. Predisposen a prendre's amb tota tranquil·litat un aperitiu i a deixar-se aconsellar pel xef.

Si és un personatge qui arriba, al cap d'una estona sortirà el propietari i comentarà algun fet d'actualitat, com si el dinar o el sopar fossin una cosa secundària. Complicitat en tot, segons els gustos o tendències del client.

Manuel ha estat ensenyat en aquesta diplomàcia. ¿Algú en diria hipocresia? Ell no. Ell manté dues maneres de ser que conviuen dins seu sense cap conflicte. Dues personalitats diferents que juguen l'una amb l'altra. D'una banda, les atencions als clients i la dedicació a la feina, cosa que li dóna pela llarga. De l'altra, el desig de poder, que vol dir obtenir el màxim plaer a base de diners: velocitat, objectes, dones, tot allò que el faci sentir admirat pels altres.

¿I qui són els seus «altres»? Xicots com ell i germanes i amigues dels xicots com ell. Les noies de bar, les que ells en diuen despectivament putes de xiringuito, són per passar l'estona. ¿I les del telèfon? Ah, el telèfon. Les del telèfon no el veuen, i d'això la vanitat se'n ressent. Però ara estirarà el fil. El començarà a estirar i li portarà una col·legiala.

* * *

Quan Francesca s'adona que Lluís A. ha tallat la conversa aguanta una estona més el telèfon a la mà, com demanant-li responsabilitats, ¿on ha anat ell, ara?

Es treu el nom d'Antònia i es queda desemparada. Té fred. Va al menjador i mira entre les cortines, apartant-les una mica. Són les set i cauen volves de neu d'un cel molt fosc. Es prem els braços amb les mans iploraria. Té tota una hora per plorar, abans no arribin els pares. O bé es prepararà una tassa de xocolata desfeta ben calenta.

No fa res de tot això. Apila els llibres, es pentina, es frega les mans amb colònia fresca que recorda la llimona, es posa l'anorac amb caputxa vorejada de pell i se'n va a veure Magdalena i el nen.

Ha de travessar dos carrers i enfilar-se a la part antiga. Dalt de tot, al punt més alt de la ciutat, en una plaça de fanals de llum blava, viu la seva germana amb el nen que ha acabat de néixer.

Francesca vol veure aquest nen. De fet, el voldria tenir molt estona als braços, però Magdalena no vol que el treguin gaire del bressol. Truca al timbre. Hi ha dues amigues de Magdalena, que han volgut veure el petit. Se saluden tots i seu al menjador. És un pis modern, pintat clar i amb mobles de fusta massissa que fan olor de nou. Tot és alegre i per això Francesca hi està bé. No se'n mouria. Aquí dins s'oblida del fred que no és fred i del telèfon que la té enganxada.

Magdalena va i ve amb roba petita, que plega sobre la falda. La mare ha tret una safata amb pastes, per les amigues. Són galetes daneses. En venen a bon preu als supermercats, i són tan bones... galetes de mantega, amb la capsa de llauna blava o vermella i dibuixos de castells o de flors. Després faran servir les capses per desar foteses, fils, botons, cintes, petites coses desaparellades. La tarda passa plàcida i algú es gira cap a la finestra i diu, mireu, està nevant.

Francesca es mira el petit. Fa olor de sabó líquid i de colònia suau, també de llimona. L'agafaria però es mira la germana i aquesta, veient la intenció, li fa que no amb el cap, però somriu. No vol que Francesca es disgusti. Són solament dues germanes i han viscut bé a casa, tranquil·les, sense gaires baralles. Magdalena ha estat més pacífica i Francesca més independent. Magdalena ha enyorat la casa dels pares, però ara té feina amb el petit i no se n'adona. Només les tardes, aquestes tardes després del part, que fan sentir tanta tristor. És la depressió post-part, diu el metge sense donar-hi importància. Ella plora mansament. Sort que vénen la mare, les amigues i ara la Francesca, i pot anar passant les hores més baixes i res més.

Francesca sí que s'ha trobat la casa buida. Primer estava contenta. Podria passejar-se sola pel pis i fer el que li vingués de gust. Ningú no li retreuria res. Estar-se l'estona que volgués a la banyera i agafar qualsevol xampú per provar. Anar despullada i tot, si li donava la gana i no hi havia ningú. Això va ser els primers temps. Després, la solitud li rebotava a les orelles i al cor. Fins i tot enraonava en veu alta, per sentir-se. Una tarda que llegia el diari va fer un cercle amb el bolígraf al voltant d'un número que s'anunciava. Era un número que concertava tertúlies. Va trucar i s'hi va quedar.

Sempre esperava que Conxita marxés: adéu, nena, fins demà. Conxita ja sabia que la nena era a l'habitació estudiant i que no se l'havia de destorbar, en això la senyora era estricta. Francesca no trucava fins passades les sis, perquè Conxita es pensés que estudiava i estudiava i sols sortia per fer-se un te. Deia que no es volia engreixar però no podia passar sense menjar xocolata. Se la feia d'amagat i Conxita també ho sabia, i movia el cap somrient mentre passava l'aspiradora remugant: coses de canalla jove.

Quan Magdalena era a casa parlava amb Conxita més que no pas Francesca. Comentaven coses de la nova casa i dels vestits que es farien tots plegats pel casament. Magdalena tenia una botiga de roba que havia posat amb una altra amiga, però era roba senzilla i els anava molt bé. La gent feia cua per comprar mitges, batins, mitjonets pels nens, bates per treballar, davantals i calçotets. Primer havien tingut pretensions d'agafar franquícia d'una marca coneguda, però les noves botigues, totes de llums i grans espais amb música disco, plegaven l'una darrera de l'altra. El gènere senzill es despatxava com aigua i el que elles havien de fer era vendre i res més. Van haver de posar una dependenta i tot quan Magdalena va tenir la criatura.

I ara Magdalena és a casa, una casa nova i tèbia, com un núvol de cotó de colors clars, i sembla que això és la felicitat total. Francesca mira el petit. Ella té munts i munts de llibres apilats. El petit és feliç sense haver d'estudiar, i si plora té tot de cares preocupades sobre ell, sempre a punt de complaure'l.

Francesca marxa, fa un petó a la germana i surt a l'aire fred. A mitja baixada troba en Dani, que l'acompanya a casa. Dani ha anat a la biblioteca a estudiar. A casa hi ha baralla contínua i no s'hi pot viure. Els petits marranegen. Un és del pare i viu amb ells, i ara la mare n'ha tingut un altre amb l'home nou. Dani no sap com dir-li. L'home nou, diu, i Francesca riu de sentir-lo, i li recomana: li has de dir el nom, home.

Sí, Dani ja ho sap, però és que encara recorda molt el pare i no acaba d'entendre per què va marxar i per què aquest nou home —Francesca riu altra vegada— és a casa, amb la mare i una criatura també nova. A vegades Dani sembla que vulgui plorar i a Francesca li fa llàstima. I ha d'anar a la biblioteca perquè a casa no té lloc. Piles de roba, ordres, vés a comprar, aguanta el nen, no facis aquest soroll. Llavors agafa la motxilla i cap a estudiar en aquell ambient relaxat, on s'està calent a l'hivern.

Francesca pensa que Dani és tan diferent de Lluís O. com la nit i el dia. O l'ou i la castanya, que diu el professor de ciències. Homes. Són molt diferents, els homes.

El pare de Francesca és seriós. Dirigeix la sucursal d'un banc i a la tarda porta una comptabilitat empresarial fins a les vuit en punt, que plega. El pare és un home segur, s'hi pot confiar, però només si fas el que a ell li sembla que s'ha de fer. Qualsevol altra cosa seria sospitosa i el posaria alerta. Per això Francesca aprèn a actuar sense immutar-se, sense fer soroll, sense avançar cap projecte. Somriu i calla, però va a la seva.

Homes. Hi ha l'home de Magdalena, que és un trempat venedor de cotxes, però que ara sembla capficat perquè el negoci va molt malament, i té una criatura, i paga el pis i... És ros i alt, amb ulleres. Sempre reia i feia broma, però ara no tant. Dani i els pares de Dani. Els dos pares, el pare i l'home nou, crits i nervis, ¡uf! terrible. I el professor de ciències, amb els ulls de globus com una mantis per culpa de les ulleres. Si li treien les ulleres... potser estaria més bé. A vegades ho comenten amb les noies de classe, quan ell descansa i s'eixuga les ulleres amb un clínex. Llavors és com si divagués, s'assembla una mica a Indiana Jones quan es queda amb la vista fixa més enllà, mirant el que els altres no veuen. A Francesca li agrada Indiana Jones. És un home més gran, i tan desvalgut...

Per fi, Lluís A. Quan hi pensa sent que és a prop d'alguna cosa que ara encara no sap. Ho sent perquè porten alguns mesos de trucades i ara el seu cos ja respon als estímuls de la veu, li coneix les maneres de dir, se'l pot imaginar, el pot olorar a través dels cables i de la fibra òptica. Es deuen haver trobat pel carrer i tot. Però ell no sap on viu ella, sols que estudia i que li agraden les ciències naturals, i la xocolata, i la colònia de llimona. I les pel·lícules d'aventures encara que les noies xisclin, esgarrifades a cada perill i sigui sempre l'home qui les hagi de salvar.

* * *

—Hola, Lluís...

Diu el nom com un caramel que es fa anar rodolant dins de la boca, empès amb la llengua i entre les dents, jugant, sense fer mal.

—Antònia... ara estic per a tu.

¿Què devia fer? A vegades el telèfon té pauses negres, com si tota la persona s'esborrés. Però torna.

—Deia adéu a una altra veu no tan bonica com la teva. Escolta...

—¿Què?

—¿Vas fer el que et demanava l'altra tarda?

No es truquen cada tarda. Hi ha un acord. Ella i ell, ara l'un, ara l'altre. Ell sempre triga més dies. Es fa desitjar.

—¿Tu em demanaves alguna cosa?

—Vinga, sembles una nena petita. Tu eres al llit, em vas dir.

Ella no li ha dit que no té telèfon a l'habitació. Li fa creure que sí, com una noia gran, o com una noia rica. Més rica, que ella no és pas pobra.

—És que feia fred, ¿saps?

—¿Fred? ¿No teniu calefacció, a casa teva?

—És clar que sí. Però em va fer mandra.

—¿Ni per mi, ho faries, encara que no et vegi?

—Potser sí. Algun dia.

—Escolta, petita.

A ella l'empipa que li digui petita. Es deu pensar que ell és un milhomes. ¿I si ho és, realment?

—No sóc petita. ¿Què vols?

—Ens hauríem de veure. Ho desitjo molt.

Això ja s'escapa del previst. El telèfon és una bona pantalla. No compromet a res. S'enraona, es passa el temps i prou. Però veure's... És clar que a ella també li agradaria. I tant. És ella qui ha de fer el pas. No hi perdrà gran cosa, per provar-ho.

—D'acord. Divendres a dos quarts de set.

—¿On?

—A la biblioteca del carrer Alt. Porta un llibre d'Indiana Jones.

—¿Què dius? ¿En una biblioteca? ¿I que porti un llibre? Em sembla que estàs malament del cap. Ja m'ho pensava, que eres una mocosa. Vinga, nena, digues una cosa que faci mès gràcia, perquè aquesta no me n'ha fet gens.

Antònia-Francesca està desconcertada. ¿Què té de dolent una biblioteca per trobar-se? Després surten a fer un tomb per la Rambla o prenen un cacau en qualsevol granja, o... ¿Què ha de fer? Ell la veu com una mocosa. Mocosa, ha dit. Ella no vol que ell la vegi així. ¿I si l'engega a fer punyetes? No pot. És massa temps. Massa temps de deixar-se acariciar per la veu. De semblar una noia gran.

¿Però no és el que ella vol, realment? ¿Ser una noia gran? Llavors se li torna a representar Coro Valverde i aquella punta de llum als ulls, i els llavis pintats amb Perfect Lipstick amb exclusiu Hydromoist Complex, que fa els llavis tersos, suaus, agradables... i Coro ha estat escollida per representar el país amb un contracte fabulós... i és tan jove com ella, un any, només, i ja podria tocar Coro Valverde amb les puntes dels dits endolcides amb Cacharel. Mmmm, una carícia Cacharel satisfaria un noi gran com Lluís A.

—Antònia, ¿per què no em dius res? ¿Tens gat, a casa?

—¿Gat? No, ¿per què?

—Per la llengua, dona, per si se t'ha menjat la llengua, ha, ha, ha! M'hauries de dir on vius i et passaré a recollir, nena.

Nena. Nena, li diu la mare, mai no obris a cap desconegut. ¿Què és, Lluís? ¿Conegut o desconegut? Oh, sí, ja fa temps que es coneixen. Però li dirà de trobar-se a la cantonada de casa. A la cruïlla, on hi ha el bar Dorada. No sabrà on viu. No es descobrirà.

—Escolta, Lluís, ens podem trobar divendres a dos quarts de set. Seré davant del Dorada, a la cantonada Ribera i Girona. ¿Et va bé?

Ella no s'imposa. Diu «ens podem trobar» i «si et va bé». Concedeix. Té por que ell no se'n rigui més de la noia petita. Nena. Col·legiala. No li agrada gaire que ell rigui d'això, però poden més les ganes de veure'l que el lleuger disgust. Sí, ella farà allò que calgui perquè ell la consideri gran.

—Porto un Hyundai S. vermell. Ja em veuràs.

—¿Un què?

Se sent riure, ara francament, a l'altra banda del fil. Aquesta nena l'haurà de mocar la iaia. Però pot resultar molt atractiva, tan tendra.

—No em facis cas. És la marca del meu cotxe. Al darrera hi penja un conillet Playboy. ¿N'has vist mai cap?

—Sí. Mira, portaré un anorac negre amb caputxa vorejada de pell blanca. Ja et veuré, que el carrer tampoc és tan gran.

—D'acord, doncs. Fins divendres. Ah, i que no passis fred, al teu llit. ¿Ets al llit, ara?

—N... no. Anava a fer-me xocolata.

—¡Vaja, xocolata! M'agradaria ser amb tu. ¿Me'n faràs, qualsevol tarda?

—Potser sí. Adéu.

Penja el telèfon i estira els braços fent un salt enlaire, ¡uau! divendres el veurà, per fi. Va a la cuina, busca el pot i la cullera de fusta. Treu la llet de la nevera, la posa a escalfar i hi desfà un sobre de cacau instantani preparat. Ja porta el sucre, la farina i fa una lleugera olor de canyella que li agrada molt. Remena una estona i se l'aboca en un bol. Posa el bol a la safata de llauna amb un Snoopy estampat que esquia sobre una muntanya de neu i s'emporta la safata a l'habitació. Tanca. Al cap d'un moment s'escampa una olor dolça i deliciosa.

Busca la revista on hi ha Coro Valverde i se la posa al faristol, sobre els apunts de ciències. Ui, aquesta Coro. Per començar, no tenen el mateix tipus de cabell. El de Francesca és curt, estil Arantxa, i el de Coro és llarg i estirat. Llepat. Llepat i inclinat lleugerament amb les puntes endins, escalat i fent una mena de marc per la cara.

És clar que la feina de Coro deu ser no moure la cara per no despentinar-se, i des del marc de cabells somriure, mirar, treure la llengua, etc. En canvi Arantxa es mou com el vent, tan rabassuda que és, perquè és curta i reforçada, però tan lleugera. A Francesca li agrada portar el cabell curt i a vegades s'hi posa un passador de colors vius, al costat. Somriu al mirall i sovint li fa ganyotes, com a una amiga còmplice.

Si vol copiar Coro, haurà de deixar estar el cabell i anar per les celles. Les celles no se les ha tocades mai. Ja estan bé. Però Coro les porta depilades com un dibuix japonès, d'aquells tan retocats. De manera que treu les pinces i comença a fer. Aviat li ploren els ulls, perquè es fa mal. Li ha quedat la pell vermella a les vores.

Va al bany dels pares i busca la capsa —el «set», en diuen— de maquillatge de la mare. Hi ha tota mena de colors i pinzellets. Se l'emporta i es repassa els ulls. Els ulls ribetats de blau lluna fan un efecte fondo, més seriós. Fa una barreja de maquillatges. Mitja cara d'un color, amb «fond de teint» ambre, albercoc, arena. I a sobre una capa de «Calypso», mandarina, «Marine», «Noix», «Sirocco»... Va fent. Hi ha cremes amb col·lagen, amb liposomes, nutritives, ben debatudes i dipositades amb cura dins de pots de vidre amb tapa daurada per noies i dones vestides totes de blanc i amb mascareta. Petits tubs i grans preus, és el lema de cada laboratori. Grans promeses que cal pagar per aconseguir el somni és el lema de cada laboratori ara ja de cara a qualsevol dona. Si la dona és gran, perquè li correspon per l'edat. Si és jove, perquè la maduresa se li faci més suportable. Per tota la vida. Hi ha més anys de vida amb arrugues que sense, però Francesca vol ser gran.

Francesca es beu la xocolata, desanimada pels resultats grotescos. Sembla una màscara de Carnaval. Es desempastifa amb una llet de Biotherm i ara sí, ara s'estira al llit pensant quina cara farà a la primera cita.

A l'hora de sopar no té gaire gana. Remena mandrosament un pèsol amb la forquilla, com si fos una pilota de golf a punt d'entrar al forat decisiu. T'has fet la xocolata massa tard, remuga la mare. Sort que es pensa que és la xocolata. Ella diu que sí, que segurament la xocolata li ha tret la gana. La mare va i ve de la cuina, el menjador queda només amb la llum de la pantalla i es disposen a veure una pel·lícula d'Ingmar Bergman. El pare ha dit que és una pel·lícula important. És subtitolada. ¡Uf! Francesca la comença a mirar. Quan veu que dues dones vestides de negre, tibades com un pal, es disposen a vetllar una tercera dona que està estirada, vestida de blanc, se'n va cap a l'habitació. Allà hi té una tele petita i pot posar el que vulgui. Fan un programa de Sting. No li interessa gaire. Vol saber què ha fet de nou, però el presentador s'embranca en una explicació pesada i ho deixa córrer. En un altre canal fan la sèrie «Mortimer», anglesa i poca-solta, on tres joves músics aconsegueixen contractes gràcies a encantaments fets per una *punkie* que se'ls lliga tots tres.

Quan s'adorm, pensa que demà passat és divendres, i que un cotxe vermell pilotat pel fantasma d'Ayrton Senna dóna voltes i més voltes pel seu carrer, amb Coro Valverde per parella.

* * *

El migdia ha estat dur. La directiva de Connor Chemical i Associats ha dinat al restaurant i ha tingut una llarga sobretaula. Olaya pare i fill han complimentat aquests i altres visitants de categories diverses, com si fossin els únics clients sobre la terra. O sobre una ciutat que s'ensorra en crisi permanent i que necessita clients i més clients del que sigui per mantenir-se en la línia de flotació.

La tarda ve ràpida. Les llums de la ciutat s'encenen massa aviat contra un cel anyil amb una nuvolada amenaçadora que es desplaça des del sud. Han predit mal temps, amb vent que passarà la força cinc, que ja és respectable.

Manuel es mira el rellotge i xiula suaument. La nena. No tindrà temps de passar per casa, com li agrada fer abans de sortir, però és igual. Puja a l'apartament que tenen sobre mateix del restaurant. Fins i tot comunica per una escala interior, que mantenen tancada si no és que hi ha una emergència. Normalment solen sortir de l'establiment i entrar a l'escala del costat, primer pis. Hi ha un balcó amb geranis, sobre mateix de la marquesina del restaurant. El pis és acollidor, de cent vint-i-cinc metres quadrats i una terrassa darrera, per on passen les xemeneies de ventilació enfilades en tubs metàl·lics fins el terrat.

Es dutxa i tria acuradament una colònia no gaire agressiva, «Marine blue», que recorda navegacions d'estiu i pells torrades untades suaument d'hidratants masculins. El cabell, ros i rebel, fa una lleugera ondulació sobre el front ample. Quan corre contra el vent, navegant, a cavall o en moto, el cabell llisca com la seda i després torna, dòcil, a la seva posició natural, mig cobrint l'ull esquerre. Irresistible, li diuen, i es deixa acariciar el front, perquè les carícies de les mans de llargues ungles esmaltades li esborren les preocupacions, si és que en tenia alguna.

El Hyundai frena suaument dos edificis abans de la cantonada prevista. Des de dins, el caçador ensuma la presa. La presa és allà, mirant amb atenció. El fanal li fa ombres blaves a la pell rosada pel fred i ella encara no l'ha vist. Ja vindrà, es diu ell. La nena és dòcil, vindrà trotant com un cavallet jove. El vent ara es fa poderós i llavors ella el veu i corre, corre fent senyals amb la mà, saludant, ei, sóc aquí, no et veia.

Riu i el cabell curt s'estarrufa amb la ventada. És bonica, la nena. Bonica i gens sofisticada. Li obre la porta i la convida a passar. Ella seu i diu ¡hola!, i dins del cotxe se sent l'olor del fred que porta a la roba i al cos. La fina pell blanca de la caputxa frega suaument la cara de Manuel i li acosta la tènue olor de llimona de la colònia habitual. La caputxa ha cobert el seu cap i n'ha retingut l'olor. El cotxe arrenca sense que ell hagi dit més de dues paraules. Corren i també formen part del vespre blau marí. Els altaveus del cotxe reprodueixen una percussió molt fonda, que somou l'estómac i incita al ritme deixant anar el cos, flop-flop-flop-flop, i passen els carrers fins al capdamunt de la ciutat.

Manuel, que encara és el Lluís A. del telèfon, aparca en una placeta deserta on quatre plàtans branden amb el vent. Es veu la llum somorta d'algun bar i les partes altes de dos patis de cases antigues, ara convertits en tallers municipals. Encara no surten del cotxe. Ella espera instruccions.

—Hola, Antònia. Per fi ens veiem, ¿eh? Vaja, vaja, el telèfon té sorpreses molt agradables. Ves per on, del fil de plàstic en surt una noia bonica, que menja xocolata i que col·lecciona erugues.

—¿Qui t'ha dit que col·lecciono erugues?

La conversa es fa distesa. Ella riu.

—M'ho vas dir tu una vegada i ara no te'n recordes. Pel que em deies, més que col·leccionar erugues, em va fer l'efecte que estaves enamorada del professor de ciències. I jo en aquestes coses no m'equivoco.

Francesca es torna vermella. Potser és la reacció de l'escalfor del cotxe contra el fred que portava dins, perquè s'esperava ja feia estona. És clar que s'esperava. Però, ¿què diu, aquest, ara, del professor de ciències?

—¿On anem?

A Francesca no li ve de gust parlar del professor de ciències. Ni de res que tingui relació amb el col·legi. Ara no és la col·legiala sinó la noia gran que coneix un noi gran i surt amb ell per primera vegada.

—¿Quant de temps tens?

—A tres quarts de vuit he de ser a casa.

—I jo a les vuit, ¿què et sembla?

—Que almenys en una cosa estem d'acord.

Ell riu francament i ara és simpàtic, molt simpàtic. Ella es pensava que la renyaria per haver de tornar tan aviat a casa.

—¿I si enraonéssim una mica aquí dins? El cotxe és una segona casa. És la closca i jo sóc el cargol, i ja veus que t'he buscat un exemple naturalista.

Altra vegada la natura.

—Mira, no em pengis l'etiqueta, que no em coneixes.

—La nena s'enfada.

Ella riu. La conversació es fa una mica difícil. Ara no sap què dir. Però ell ja pregunta:

—Va. Ara que ja ens hem vist la cara, ¿què et sembla si ens diguéssim els noms? No em faràs creure que et dius Antònia. Jo començo. Em dic Manuel.

Ella s'estremeix. Si diu el nom, és com si... bé, com si es despullés d'alguna peça essencial. Ja no tindrà aquest primer escut o defensa per amagar-se darrera. Dubta i riu nerviosa. Manuel... No es pensava que es digués Manuel. Lluís ja li estava bé. Quadrava amb una personalitat decidida com el nom, bellugadissa, inquieta, com ell sembla que és. Cotxe, esports...

—Francesca. Em dic Francesca. Ja està.

—Sembla que t'ha costat. Com el tap d'una bona ampolla de vi. Ara sentirem l'aroma. Francesca em suggereix una cosa seriosa. Relacionada amb l'art. És un nom clàssic, això és. Pintors, escultors, amants amb el riure immòbil en un quadre. Francesca és una amant clàssica. ¿T'ho ha dit mai algú?

Però hauries de ser rossa, i ets morena. La Francesca morena serà una amant moderna.

Francesca es torna a estremir. Ell fa servir la paraula «amant» amb molta facilitat, li entra i surt dels llavis com l'aire i es veu que hi té costum. Això la fa sentir incòmoda i alerta, com la peça de caça quan es detura, coll enlaire, ensumant el vent per saber d'on ve l'enemic. Però ara no hi ha enemics a la vista, i ella escolta el que ell diu per aprendre com enraona un noi gran. Més gran. Un home.

—¿Quants anys tens?

—Vint-i-dos.

És gran. Jaio, com diuen els del curs. Dani al seu costat és un mocós. Dani, amb la motxilla cap a la biblioteca també com una segona casa. Dos nois amb una segona casa. ¿Tindrà cotxe algun dia, Dani, per fugir dels seus problemes? Potser Lluís A. és massa gran per ella. No, que es diu Manuel.

Ara ha de fer el canvi de Lluís a Manuel, que acaba d'aparèixer amb olor de «Marine blue» i una metxa de cabell sobre l'ull esquerre. El cable telefònic no feia tantes precisions. No costa gens d'adaptar el cotxe, ¿com ha dit que es deia?, Hyundai, carai de nom, a la nova cara i també la veu i les bromes de noi gran, d'home que coneix el món. I ja tenim la figura sencera. Francesca fa una altra pregunta.

—Ma-nu-el. M'hi he d'acostumar, ¿saps? Lluís ja m'estava bé. Manuel, ¿treballes o estudies?

—Treballo i he estudiat. De moment no et diré en què. Vull veure si ho endevines amb el temps. He fet pràctiques a França i l'any que ve aniré a San Francisco.

Ara ja cal deixar els pseudònims, les tapadores, els escuts. Lluís i Antònia desapareixen i cedeixen el lloc a Manuel i Francesca. Francesca està desconcertada. ¿Com endevinarà el treball de Manuel? Bé, ell confia que l'amistat duri prou com perquè ella ho descobreixi. Serà un joc.

—Francesca, ja hem jugat una mica a noms i oficis. Ara m'agradaria que anéssim a beure alguna cosa. Ja sé que t'agrada la xocolata. Potser te'n faran.

—¡Xocolata! Que bé anirà, amb aquest temps. ¿On és, això?

—Aquí mateix, tombant la placeta. Vinga, sortim ràpid i dóna'm la mà, que no se t'emporti el vent.

Tanca el cotxe i l'agafa de la mà. Ella no gosa desfer-se'n. Van corrents pel vell carrer empedrat i entren en un local on brillen unes pantalletes rosa amb llàgrimes petites de vidre al capdavall, que tremolen amb l'aire sols d'obrir i tancar la porta. L'olor és densa, com si hi cremessin bastonets d'encens o de sàndal. A vegades Magdalena en comprava, en uns paquets llargs, tots dibuixats de figures orientals. Aquí dins hi fa calor. Seuen en una tauleta amb estovalles rosa.

Un cop asseguda, Francesca mira de cua d'ull la gent que s'hi veu. N'hi ha poca. Dues o tres parelles, dues cambreres i un home darrera la barra. La llum és minsa i brillen tot de punts platejats, com estrelles: la barra, els miralls, les llàgrimes de vidre i l'escot de les cambreres, que porten collarets de vidre i un jersei cenyit de punt negre amb pedres blaves enganxades. Enguany són tanta moda que les parades del mercat en van plenes.

Manuel ha fet un senyal amb la mà i ara s'acosta una cambrera amb una safata petita. Hi ha un combinat i una tassa que fumeja: la xocolata. Ho deixa delicadament davant de cadascú. Francesca la mira, encuriosida, i la cambrera també es mira Francesca i somriu. Somriu i després mira Manuel i tira el cap enrera. Francesca no capta el gest sobreentès, de noia que sap-de-què-va la qüestió. Sols mira la cambrera i la cara ovalada i ben maquillada li recorda alguna de les noies que acompanyaven Coro Valverde en l'elecció de models. És clar, ¿per a què serveixen les revistes, sinó per copiar pentinats, vestits i maquillatges?

L'olor de la xocolata l'estimula ara més que la de l'encens, i agafa la tassa, somrient, agraïda a la finesa de Manuel. Manuel fa dringar els glaçons al seu got i es tira enrera a la cadira, contemplant, esperant, veient aquella cara tendra que sospira per una tassa de xocolata.

Francesca, de sobte, mira l'home de darrera de la barra i li veu un somriure com el de la cambrera: el cap lleugerament decantat, els ulls entornats i un gest que li sembla foteta, adreçat a Manuel. Però és només un moment i pot ser efecte de la poca llum i del brillar especial dels metalls i els vidres.

Quan ella deixa la tassa al plat, ell li agafa la mà i ella no la retira.

—Ja s'ha escalfat, aquesta maneta. La xocolata fa miracles.

Diu això i pica l'ullet. Ella somriu.

—Vine, que et vull ensenyar una cosa.

La porta escales amunt. Escales entapissades de rosa més fort, gairebé maduixa. Els passos no se senten. Dalt hi ha una sala amb portes al voltant. La sala és molt agradable, amb cadires de seda, sofàs, pantalles de peu i dues televisions. Les cortines també són de seda, i a Francesca li sembla que allò és el que a vegades ha sentit dir a la mare: una bombonera.

Seuen en un dels sofàs, de cara a la televisió, i quan ell li pregunta.

—¿T'agrada, oi?

Ella li respon, aventurant-se a enraonar una mica més:

—¿Saps què em sembla? Doncs una bombonera. I nosaltres dos, dos bombons de xocolata. Tu series el bombó de licor, i jo el d'avellana.

—Vaja, vaja. La nena fa comparacions llamineres. Un bombó de licor, ha, ha! Encara no m'ho havien dit mai, i havies de ser tu. Gràcies, nena, ho aprofitaré. Però em deixaràs tastar el bombó d'avellana, eh? Les coses bones són per compartir.

L'agafa per la cintura i s'hi acosta. Li pren la cara entre les dues mans i fa com si l'anés a besar però no. S'acosta tant que li olora els llavis. Fan olor de xocolata. No els besa. Ja està bé així, per un primer dia. Ella no podrà dir que l'ha obligada a res.

Li deixa anar la cara immediatament i se n'aparta just mig pam, que els cossos no es toquin. La nena se'ns espantaria i no és qüestió que fugi corrents, ara.

—És veritat. Ets un bombó de carn i ossos, amb olor i tot. Haurien de fer perfum de xocolata, ¿no et sembla? Però potser seria perillós. Mmmm, sí, seria perillós, i alguna noia en podria sortir malparada. Mossegades, vull dir. És més excitant l'olor de xocolata que les potingues que venen. Ara me n'adono. Gràcies altra vegada, nena.

Es mira el rellotge i fingeix un sobressalt. Enarca una cella:

—¡Si són dos quarts de vuit! Nena, anem, que avui ens empaitaran els dimonis.

L'agafa pel braç i corren escales avall. A la barra no diuen res. Ell fa un gest amb el cap al bàrman i envia un petó amb la punta dels dits a la cambrera que els ha servit. A Francesca li fa estrany que no pagui, però pensa que deu ser un client i que l'hi apuntaran al compte. És tot un home i deu saber anar pel món.

Pugen al Hyundai, que arrenca suaument i llisca pels carrers fins a la cantonada del Dorada. Francesca baixa i ell desapareix com un bòlid entre el trànsit. Ella es queda encara una estona veient com marxa i ell qui sap on para. Entra al portal i agafa l'ascensor.

Dins de l'ascensor canvien les coses. Les olors són les de cada dia. Els colors també. La llum, la mateixa, neutra. Hi ha noms gravats amb la punta d'una clau, ja fa temps: «Love, Mayka» i «Puta maricón». Ningú no en fa cas, com no fan cas del rètol d'instruccions on hi ha una bandera estelada per sobre de les lletres. És la vida de l'escala.

D'entrada a casa, para l'orella. Li fa l'efecte que tot un auditori de gent espera la seva aparició en escena. Però sols sent els mecanismes en sordina: nevera, rellotge, escalfador de gas. Del carrer arriba fluix-fort-fluix el pas d'una sirena que es dilueix en la nit. Passen moltes ambulàncies perquè hi ha l'hospital darrera.

Penja l'anorac, es posa les xancles, encén la llum blava i s'estira al llit amb un llibre obert, per si arriben els de casa. Pensa tot el que ha vist. Ho va ordenant, classificant. En té per molta estona, per molts somnis, per molts moments allà ajaguda al seu territori, recordant. Pensa ara en això que se li ha ocorregut, «territori». Els animals marquen, delimiten els seus territoris i ningú no els pot traspassar. La porta d'aquesta habitació és el seu límit. Ella hi desa les coses, les visibles i les invisibles. I ara hi ha una nova olor, associada per sempre a la xocolata amable i tèbia. I un desig que s'allarga. Han quedat tantes coses per dir...

S'olora les mans. Ella no sap que és «Marine blue», però és una olor per afegir a la nova cara que es diu Manuel. I ara pot recordar l'olor dels seus llavis quan li ha pres la cara entre les mans. Dues mans eixutes, amb nervi, gens toves, enèrgiques, decidides. Però els seus llavis, que no l'han tocada, feien olor de beguda també seca, com d'herbes aspres, no sabria dir quines.

Ha tingut por. Ha tingut por de dues maneres. Primer per la furtivitat de la cita. Ja té un secret. Si la mare sabés... Es jura que callarà. Callarà sempre. No cal dir si ho sabés el pare. Aquesta és una de les pors. Encara hi ha alguna cosa, en aquesta trobada primera, que la neguiteja pel que fa a Manuel i a les coses que ha vist. No podria dir si hi ha hagut més temor que excitació per la novetat. Són tantes coses que es barregen... S'hi anirà acostumant i reconeix que ell és fort. Més fort. I que a ella no li fa res deixar-se portar de la mà. Aquella mà. La mà que voldria per deixar-se acariciar. I tanca els ulls, al llit, per estirar el primer record i acostar-se'l a la pell dòcil.

Sent una clau al pany i el món canvia de color.

* * *

Ha fet sol tot el dia i Francesca està contenta. Porta bé el curs i dissabte passat van sortir a fer un treball de camp per ciències naturals. Buscaven rastres de guineu per terres de cultiu i en van poder veure, lluny, una parella que els contemplaven, quietes, vigilants, de pell fosca amb la punta de la cua blanca. El professor portava una gorra escocesa amb una borla de llana vermella i els va fer riure perquè semblava Tintin. Tota la classe diu que és un bon paio, aquest.

És dimecres i aquesta tarda sortiran. El cotxe a la cantonada i Manuel que arrenca amb suavitat, com si acariciés, sempre aquestes mans conduint coses, i les coses l'obeeixen. Cruïlles, semàfors, trànsit dens d'aquesta hora punta i, per fi, la costa. Voregen platges i s'aturen en una cala petita. Hi ha pins retorçats pel vent i el mar enrera és blau intens, lluminós a l'est per la tarda que s'apaga. Els xiringuitos estan tots tancats en aquest temps. Baixen.

Ell la porta roques avall, entre mates de llentiscle, carrasca i pins baixos. Hi ha una olor densa de vegetació feréstega barrejada amb els crits de les gavines, que ronden buscant platja per dormir. Troben una roca arrecerada que fa un replà i s'hi asseuen.

—És molt solitari, això.

—No em diràs que tens por, ara. ¿No sóc aquí, jo?

Manuel li passa la mà per l'esquena i l'acosta cap a ell, en gest que vol ser protector. Ella es deixa fer.

—T'he portat a veure aquest paisatge d'hivern. No em diguis que no és preciós. Ja ho veus, tenim poc temps i l'aprofitem per coses que valen la pena. Per cert, t'he comprat una cosa que t'agrada, però hauràs de buscar-la. És a la butxaca de la meva caçadora.

La caçadora és de cuir de color rovellat, flexible, amb cremalleres, repunts i butxaques diverses. Francesca encara no entra al joc.

—Vinga, dona, és el vell joc de canalla: fred, fred, calent, ¿ja ho has oblidat?

No, no ho ha oblidat. Però ell la té agafada per l'esquena i li fa gestos de vinga, vinga. Ella comença a passar la mà, buscant. No troba res a les butxaques exteriors, sols un mocador i papers, res que li pugui interessar, i a més ell va dient, freda, freda.

Prova de posar la mà a les butxaques interiors i ell canvia de veu i diu, tèbia, ja t'hi acostes. És a la butxaca esquerra, sobre del cor. Francesca està torbada, però treu una capseta de bombons petita. S'obre com un paquet de cigarrets. Riu i ell també. Llavors ell l'abraça fort i li fa un petó a la boca. Ella intenta debatre's, però està ben subjecta. Ell xucla, busca les dents, la llengua, i de sobte la deixa anar, de manera que Francesca perd l'equilibri, com si anés a caure, i fa acció d'aixecar-se. Ell l'agafa per la cintura i la fa seure.

Manuel obre la capseta de bombons i en treu un. Són llengües de gat, primes i allargades. Amb la punta dels dits li posa a la boca i li pinta els llavis amb la xocolata, molt suaument. Li va dient, com si gronxés una criatura, així, així, ben dolça, la nena petita. Li passa el bombó per la llengua i Francesca se'l va menjant, menjant, i un altre, i ell també n'agafa algun, i es fa fosc, i la presa ja va caient a les mans fortes del caçador. Ella tanca els ulls i només sent les gavines i l'olor d'ell i de la xocolata. I ve un altre petó empastifat de xocolata, i un altre, i ara ja no els acabaria, però de sobte cau la nit i l'hora del rellotge marca la fugida en el cotxe esportiu, suau, amb una llunyana música de Simon, revival, recuerden ese éxito, mistress Robinson.

Francesca no ha vist *El graduado*. Manuel sí. Noi jove i inexpert és caçat tendrament per una madura i experta Ann Bancroft. En sabia, mistress Robinson. I Manuel també. I per això S & G canten i toquen la llarga tonada, perquè duri l'amor que il·lumina per un moment el món fet de petites rutines, de cebes trinxades i de llibres de text. Nena, et faré tastar el cel, un cel tot de xocolata. Ella li diu adéu i es queda quieta a la cantonada. Li sembla que el cel encara és encès. I no és el cel, que és ella, per dins.

* * *

L'ascensor. Els ulls a les inscripcions de sempre: Love. Puta. Estelada. Res de nou. L'aire de dins de l'ascensor indica que és temps de canviar de cara, de començar a recuperar l'alè. De mirar-se al mirall i posar-se bé la caputxa. D'adreçar el cabell rebel sobre el front i ajustar el passador, que s'ha afluixat. De treure el clínex i repassar que no quedi xocolata a les comissures de la boca. És clar que la xocolata ha estat barrejada amb la saliva i absorbida pels llavis que xuclaven. Llengua amb gust de xocolata. ¿Quin gust té la llengua de Manuel? No se'n recorda del primer petó, el que l'ha fet alçar-se i no podia, el que es clavava a les dents. No. Conserva el gust dels últims, i ja hi havia aquella dolçor.

La clau al pany. Els batecs de la casa a fosques. L'anorac penjat, la llum blava, el llibre a les mans i ella estirada al llit, a recordar. Els llavis li bullen. A veure si li haurà quedat algun senyal. S'aixeca d'una revolada i es mira al mirall. Uns senyals sí que es veuen, però a l'hivern els llavis es tallen pel fred. Es posa crema hidratant i es repassa amb el dit. El moviment li recorda el de Manuel amb el bombó, dibuixant la forma de la boca, introduint. Prou. Aquesta paraula encara li fa més por. Però ara ja no es pot desfer de les mans eixutes, nervioses, grans, autoritàries.

A l'hora de sopar tampoc no té gana però ha de dissimular, perquè algú començaria a pensar. Ha de passar completament desapercebuda. Les feines de cada dia i amb docilitat. Pot molt ben camuflar les dues hores de tarda, però compte amb els rastres.

Comenta amb els pares el resultat del treball de camp. A casa ja li han notat una especial predilecció pel professor de ciències. És que és una bona persona, pare, i no et puteja com els altres. Nena, no diguis «puteja». No sap com fer-ho, perquè a classe tothom ho diu. Bé, és un bon tio.

La mare enarca una cella. D'un temps cap aquí han sortit tota una sèrie de parents que no coneixia. Ara tot són tios i ties. I és clar, un tio pot ser jove o vell, paio o gitano, en una gamma immensa de colors i pèls que es fa difícil de destriar. Però ja se sap que els fills ensenyen els pares i qui no adopta la llengua inventada cada dia va camí de tornar-se fòssil, reumàtic o rovellat. De manera que la mare accepta tots els tios i ties a la comunitat.

El petit de Magdalena ha tingut febre, diu. La nova mare està molt preocupada, com a primerenca que és. El nen tus, fa baves, moqueja, i esternuda. Correm-hi tots. L'àvia encara hi va cada tarda. Ajuda a plegar roba i tranquil·litza la filla. Quan ve el pediatra i ajup el cap sobre el pitet tan tendre empolvorat de talc, que tremola com un flamet, els cabells ben pentinats del metge fan olor de bona colònia, o potser és el massatge d'afaitar. Ja ho deuen calcular així, els metges, perquè les mares són molt a prop, ansioses, a veure què diu, com un oracle. I l'home ha de fer bona impressió, de serietat, de saber què es fa i de treure importància al que troba, com si les mares fossin unes bajoques, que s'alarmen per no res i fan perdre un temps preciós als senyors doctors. Temps que els doctors cobren, és clar.

A vegades vénen joves de la Seguretat Social, que fan les primeres armes i escolten amb atenció la tos i les explicacions de les mares. No obstant, les mares s'estimen més pagar el riure suficient del pediatra veterà i l'olor de colònia de marca. Ja estan d'acord que són unes bledes d'haver patit tant pel nen que esternudava. I paguen de gust l'oracle, com és el cas de Magdalena, que la mare conta amb tot detall, com a cosa ben feta. Perquè amb la salut no es pot jugar, i després de tot no vindrà d'aquí, que ja hi som nosaltres, si cal.

Francesca escolta. Pensa en el petit. Li poses el dit índex i tan menut ja s'hi agafa amb aquella maneta que sembla la d'un nen Jesuset dels de Nadal. Els nens Jesusets de Nadal, que tothom passa a adorar després de la Missa del Gall mentre un escolanet eixuga els genolls o els peus amb una tovalloleta de fil, té la titoleta tapada per un drap blanc brodat per les monges. El petit de Magdalena té una titoleta menuda, menuda i rosada, sembla mentida que... Francesca no tira endavant el pensament, però li agrada veure allò tan remenut quan el canvien, i a vegades pixa la cara de Magdalena o de la mare, i riuen, i diuen garrinet, bacó, ui, que me'l menjaria sencer.

Demà anirà a veure el nen. És una olor neta, clara, de vida nova que es va fent, que comença de res, gairebé líquida com el sabó de bombolles cristal·lines a la petita banyera de plàstic, com els ulls confiats del bebè. Molt diferent de les penombres de vellut, de les olors espesses com rams de violetes en lleugera descomposició i d'alcohols amb ardències que arriben, via venosa, fins als pneumàtics dels cotxes esportius en fugides fantàstiques.

Després de sopar encara estudia una estona. Història. Li resulta una mica difícil aplegar els retalls de temps i compondre el món com si fos un puzzle. Hi ha un ball d'anys i de noms que s'entortolliguen, que no acaben de trobar el seu lloc dins del cap de Francesca. El seu cap és rodó però les peces del món no s'hi ajusten com en un globus terraqüi, els globus il·luminat per dins que permet viatjar a grans velocitats. Ara el dit assenyala l'Índia, ara Austràlia, vint-i-quatre hores d'avió cap a Austràlia, i de seguida tot de cangurs et vénen a llepar les mans. ¿O no llepen les mans, els cangurs? I a Sud-àfrica, ¿per què redimonis hi ha tantes lluites tribals? Són rics, els blancs de Sud-àfrica, i viuen entre la misèria dels negres. Ho va dir un missioner que va passar per l'institut. Però és tan lluny...

A vegades pensa que li agradaria apuntar-se a Metges sense Fronteres i servir en qualsevol país ben allunyat. Això sí, després tornar a casa amb fotografies i pel·lícules ben espatarrants. Divaga. Divaga i així no se sabrà mai la lliçó. Per ser metge s'haurà d'aprendre moltes més coses. Ara caldrà dibuixar un bocí de terra i posar la línia de punts que seguien els romans per arribar a la Gàl·lia. Asterix el gal. Un racó de món, una foguera i una llarga marxa de romans que feien trepidar el terra, broom, broom, broom. Badalla. Els somnis són tèrbols. Cau des de molt amunt i sent un vertigen des de l'estómac a la boca. Després passa per un passadís que es fa cada vegada més estret. Més endavant ja perd el somni.

* * *

—Francesca... ¿on vius?

No. Això no ho vol dir. Però després de tot, ¿per què no, ara que ja no cal disfressar els noms? Ara tot es va veient clar: el telèfon ha acostat les cares i ha fet caure els noms postissos. Les reserves deixen pas a les veritats. L'eruga es va despullant de la pell antiga i rígida, però també es fa més, molt més vulnerable.

—Visc aquí, al número vuitanta. Al sisè pis, segona porta.

—No m'ho volies dir, ¿eh? Ara ja no som al telèfon, pots ser sincera, que jo també ho sóc.

—No ho sé si ho ets. A veure, ¿què fas, tu?

—Sóc cuiner.

—Apa... no m'ho crec. Te'n fots.

—¿Per què ho dius? ¿pel cotxe? ¿perquè vaig estudiar a França? Mon pare té un restaurant, el millor de la ciutat, no et diré quin però ho pots endevinar. Jo hi treballo i rebo els convidats de compromís. Una mica de tot. Diguem que m'entreno per ser l'amo. ¿Satisfeta?

—¡Uau! No he notat...

Encorreguda, calla.

—¡Ha, ha, ha! Anaves a dir que no has notat

pudor de sofregit. Ets transparent, nena, se't veuen les revolucions del cervell. Et pensaves que mentia, quan et deia allò de la dutxa, ¿eh? Doncs era veritat. Dutxes i perfum. I bona tècnica, és clar. Al restaurant hi ha uns aparells que eliminen les olors a la perfecció. No es pot pagar un menú de luxe i sortir fent pudor de peix fregit. Tot té el seu preu i pagant sant Pere canta, diuen. Ara que ja ho saps, olora.

Manuel ofereix primer les mans, després la cara, tot ell sotmès a una inspecció que l'encanta. La nena va olorant i ell alça el cap i tanca els ulls, fent el posat de persona ofesa i rient de cua d'ull.

—¿Vius al mateix restaurant?

—Sí, en un pis a sobre. És molt còmode.

Calla la seva vertadera adreça. La farà servir més endavant. Enraonen aparcats als defores. La tarda és ventosa i entren en un local on Francesca pot llegir «Noir». Hi ha poca gent, com sempre en aquesta hora. Pugen al pis de dalt i entren en una saleta que porta un nom escrit en un cartellet de porcellana florejada, com els que venen a les cases de regals. Hi diu «Begonia».

—Aquí serveixen en privat, ¿saps? I fan coses molt bones per a berenar. Tenen bona cuina, i t'ho dic jo que hi entenc. Veuràs.

Truquen a la porta i entra una cambrera amb minifaldilla i top de pedreria, tot lila, que porta una safata. Deixa un plat tapat davant de Francesca i un got alt per Manuel. Se'n va i tanca sense fer gens de soroll.

—Veuràs, destapa.

Francesca riu, treu la tapa platejada del plat

rodó i surt un Snoopy de xocolata blanca i negra que sembla de crema.

—¿Serà tan bo com bonic? Tasta'l, va.

Francesca el tasta amb la cullereta. Primer el nas. És deliciós. Després les orelles.

—¿Me'n dones una mica?

Manuel para la boca oberta al seu davant i tanca els ulls. Ella n'hi posa una cullerada.

—¡Mmmm! Ja t'ho he dit, que ho fan bé, aquí.

Francesca se l'acaba aviat i ell es beu el licor del got alt, a petits glops.

Al cap d'una estona ella alça la vista i somriu. Li sembla que el cap li roda una mica i s'ha d'agafar a la taula. Ell corre a aguantar-la.

—¿Què et passa, nena? ¿No et trobes bé?

Francesca riu i és com si tingués son però no volgués dormir. Ell la porta al llit, dissimulat com un sofà amb molts coixins grans de colors. Ella riu i se'l mira. Ell ha començat a despullar-la. A l'hivern es porta molta roba, però és aviat i hi ha temps. Ella sent les seves mans per sobre. Són dolces, les ha desitjat molt i ara són dolces i enèrgiques, saben per on van. L'aixequen, tota ella cap dins de les mans de Manuel. Se sent dins de les seves mans. Les mans la contenen, li fan de vestit, de protecció. I no fa gens de fred, riu, gens de fred, i la seda dels coixins li fa pessigolles als peus fins que li sembla que s'adorm. S'hi està bé i és com si hi veiés a través dels somnis. Un benestar de dalt a baix, tot de sensacions noves. I Snoopy cavalca sobre seu amb les orelletes de xocolata, i la llepa tota, com un gosset agraït que és.

Gairebé sense saber com es troba a la cantonada de casa, davant del Dorada. Ell li diu que sembla quc s'ha marejat una mica, potser la xocolata li ha fet mal. ¿Quina xocolata? No se'n recorda d'haver-ne menjat. Sí, ha pres crema de xocolata en forma de Snoopy. Fa memòria i no, no recorda res, però l'aire fred l'anima, somriu, ja es troba millor. Adéu i fins divendres però truca tu abans, ¿eh? L'esportiu desapareix en un no res. Es mira el rellotge. Tres quarts de vuit. El cap li roda una mica però se sent bé. Ara s'estirarà al llit i li passarà.

L'ascensor, la llum neutra, les inscripcions, la clau, els mecanismes. Ja està. A casa hi ha algú. Alerta. És el pare, que enraona, al menjador. Passa de llarg però ell ja es deu haver adonat que ella no era a casa. No pot endevinar qui és i sent la veu d'un altre home. Entra a l'habitació i es posa de cap als llibres. Dirà que ha anat a la biblioteca. Sí, és una excusa creïble.

Surt de l'habitació i truca a casa de Dani. Encara no ha arribat, és a estudiar a la biblioteca, li diuen. És la seva mare, i de fons marranegen les criatures. Pengen els telèfons. Truquen al timbre i va a obrir. ¡Sorpresa! És Dani. El fa entrar a l'habitació i ja no té la sensació de mareig de fa una estona. Seuen. Ella al llit i ell en una butaca plegable, tipus director de cinema.

—T'acabo de trucar a casa i m'han dit que eres a la biblioteca.

—Doncs no. Avui no hi he anat.

Francesca aprofita l'ocasió ràpidament.

—Jo hi he passat una estona però és clar, no t'he vist.

—D'això et volia parlar.

—¿Què vols dir?

—Et volia demanar d'estudiar aquí, a casa teva.

Les bibliotecàries s'empipen si només anem allà a estudiar. N'hi ha que s'hi porten els bocates i la beguda i surten a fumar al replà i emmerden els ascensors.

—Suposo que tu no fas res d'això...

—Jo no, però tots entrem al mateix sac. Ja sé que tenen raó, però si a casa no puc estudiar... ja em diràs on.

Francesca rumia de pressa. Ara té dies compromesos amb Manuel i no els perdrà per res del món. Ha començat a tastar un ambient excitant i vol veure fins on arriba. És clar, Dani no n'ha de fer res, de la seva vida privada. Ni s'ho pensa, pobre nano. Les comparacions es fan odioses. Manuel i Dani... Francesca riu només d'imaginar-se'ls plegats. Però ha de dir alguna cosa, perquè Dani s'espera.

—Home, ho hauria de dir al pare. A més, hi ha dos dies que no hi sóc perquè vaig a veure el nen de ma germana. Li preguntaré al pare i t'ho diré, ¿d'acord?

Dani fa una mirada circular per l'habitació. És tranquil·la, ampla, amb una bona taula de cavallets. A tota la casa hi ha un silenci d'enveja.

—És que... necessito concentració perquè vull escriure un conte. Hi ha un concurs i m'hi presentaria.

—¿Un conte? Que divertit. Explica't. ¿De què va?

—No sé si t'agradarà. És una mica fantàstic. Es diria «Les ànimes de pedra».

Francesca riu. Dani és un ingenu. Mentre parla se li il·luminen els ulls. És seriós. En el fons no li estranya que li hagi demanat per estudiar aquí. Ella també és tranquil·la i no congenien gaire amb els grupets de tabalots de classe que van moto amunt i avall fardant del que tenen i del que no tenen.

—I ¿qui té l'ànima de pedra? ¿Els profes?

—No, no va per aquí. Veuràs, se'm va ocórrer l'altre dia al camp, a l'excursió de ciències. Vaig trobar unes pedres curioses, amb cara. Vull dir amb foradets d'ulls i nas. Semblaven fantasmes. De manera que seria un noi que surt a buscar animetes de pedra, en troba alguna, i després ve tot de misteri.

Francesca pensa que Dani és bon nano. No creu que la destorbi gaire si estudia aquí. Sempre li pot oferir el menjador o la saleta de cosir, perquè la mare en aquesta hora no hi sol ser mai. Va a veure Magdalena i el nen, a la cafeteria amb les amigues o a conferències i concerts, depèn. A vegades el pare la va a recollir quan plega de la feina, i llavors tornen més tard.

Però hi ha una cosa que Francesca valora molt, i és la independència. Allò de poder entrar i sortir i passejar sola per la casa sense que ningú li retregui ni li mani res. És clar que ara ja li ha passat l'eufòria d'estar sola sense Magdalena rondant pel pis. Justament quan surt Manuel en escena. I ara Dani... Pensa si no serà excessiu, aquest compromís. Si podrà mantenir aquest ritme. És clar que quan s'acabi el curs s'acabarà Dani. Una mica plasta sí que ho és, el nen.

—¿Ja ho sap, ta mare, que vindràs a casa?

—Es pensa que vaig a la biblio. Però li diré que fem treballs en equip, i això no és mentida. Ja saps que hem de fer entrevistes. Jo he buscat un personatge.

—Digues.

—L'amo del restaurant Corona. Està de moda i surt a la tele. Deu guanyar pela llarga, el paio. El meu pare, vull dir el de veritat, té un amic cambrer allà i quan ha sabut que jo volia fer l'entrevista ha dit que ell hi parlaria. Ja està arreglat, ha dit que sí.

—¡No fotis!

—¿Per què?

—Per res. Deu ser difícil parlar amb ell.

—Dons per tele sembla molt simpàtic. Té un fill que treballa amb ell, ho ha dit el cambrer. Es veu que és un paio alt i presumit, però que fa favors. Mira, ja tinc l'esquema...

Li ensenya un plec de papers amb les preguntes, i farà servir la gravadora. Francesca no pot evitar posar-se vermella. Sort que la mitja llum de l'habitació amb la bombeta blava ho dissimula. Ara ho sap del cert.

Ja feia dies que li rondava pel cap que el restaurant de Manuel podia ser el Corona. Va dir que era el de més prestigi de la ciutat i ella es va pensar que fardava, però no devia fardar. Havia vist el pare per televisió i Manuel hi tenia una retirada. També podia ser coincidència, però ara recordava un detall: la capseta de xocolatines que havia tret de la butxaca de Manuel portava el nom «Corona» i a sota una coroneta daurada i les lletres R.C., que devien voler dir Restaurant Corona.

Està atabalada i afalagada. Manuel Olaya. Els Olaya, admirats per les dones a causa dels programes diaris. I ella en mans d'un Olaya... i quines mans. De pensar-ho li puja un estremiment del baix ventre a l'estómac. Vol ser entre les seves mans altra vegada, i l'acaba de deixar...

També ha notat les mirades de complicitat dels

bàrmans. Els ulls dels bàrmans llueixen com una copa o una coctelera: només un moment, però volen dir alguna cosa, com els gats quan mig obren les parpelles i ho veuen tot. També s'ha adonat dels ulls maliciosos de les cambreres. Fan un somriure de suficiència, alçant la safata en un moviment circular i marxant tibades dins dels tops i les minis.

Per més que el vulgui apartar, el pensament sempre li fa cap al mateix lloc: no té sortida, i ell en farà el que vulgui. Per això se li veuen ulleres, la fina preocupació de color violeta marcada a la pell sota els ulls. Per això es distreu més del compte i la tutora ha demanat de parlar amb els pares, perquè Francesca no rendeix tant i alguna cosa la deu amoinar. Fins ara era una bona alumna i anava molt bé, però aquestes edats solen portar pertorbacions, és natural.

A vegades fa un gest amb la mà, com volent apartar una nosa, fora, fora. Li fa l'efecte que se sent pesada, massa plena de secrets que li faria vergonya dir. És com una fruita mossegada que li tornés a créixer carn nova a cada ferida i no es notés res, només el dolor del moment. Però de seguida es diu ella mateixa que no és dolor, que ja voldria tornar a sentir aquella boca sobre el cos i que ningú n'ha de fer res de les seves sortides. Manuel és seu, ella se l'ha guanyat i ja voldrien moltes noies que coneix haver lligat un xicot com aquell.

La mare ha notat que des del dia que la va trobar al llit refredada no s'ha refet gaire. Potser l'encostipat no s'ha curat del tot, ja se sap que a vegades queden rastres que duren tot l'hivern. I tantes grips que hi ha, aquest any. El metge de capçalera li recepta vitamines. No li troba complicacions respiratòries ni infeccions d'oïda ni de gola. D'aquí un mes la vull tornar a veure, diu, i fa el mig somriure de commiseració que acomiada les visites maniàtiques i repeloses, on no es pot lluir ni obtenir resultats brillants.

Els dimecres i els divendres un nou cotxe s'emporta Francesca a volar. El Hyundai vermell ha estat substituït per un flamant Ford Escort Cabrio setze vàlvules, verd mosca. Dos quilos i mig, tu, és pela, això. A les meves nenes les tracto bé, ja ho veus.

Amb el Ford verd mosca van al «Noir» i Berta els prepara xocolata i entorna els ulls maquillats mentre Manuel presumeix al seu davant de nena rosadeta i ingènua, tendra i apetitosa. Porc, pensa la cambrera, i li escopiria a la cara si no fos que després hi ha un plec de bitllets i una cita per dissabte en un hotel de la costa on hi ha una desfilada de «ladie's». Categoria. I Manuel, ostentosament, porta la nena al motel del costat, i Berta veu com al cap de tres quarts o una hora surten a tota velocitat, amb el motor del Ford gemegant d'impaciència.

Quan Francesca arriba a casa, els vespres, i es banya, cosa que ara fa sempre, es mira la boca i el ventre i li estranya de no veure-hi senyals. Els pits se li han arrodonit, semblen més madurs, potser necessitarà una talla més de sostenidors. A ell li fa gràcia la roba interior que porta ella. De col·legiala, és clar, perquè no es pot comprar peces vistoses i cares. No, no, tot al contrari, ell vol això precisament, aquest encant de la primera roba, de la roba verge, que en diu tot rient. Verge i amb olor de colònia de llimona o tarongina, encara que a vegades li ha notat un perfum més fort que ella ha pispat de la mare. Les altres robes, les licres sofisticades i els velluts elàstics ja els coneix prou, sobre pells ben cuidades i amb perfums pertorbadors. No, ell vol la nena treta gairebé dels braços de la mare, com qui diu, encara amb la llet als llavis, i prendre aquests llavis per primera vegada. Són peces precioses i van molt buscades pels caçadors espavilats.

Ella, Francesca, està contenta de l'admiració que ell li demostra. Volia imitar les models, ara cada vegada més primes. Tornen les Twiggis, les Sabrines, les nenes sense gairebé pits ni cul, amb uns ulls grans i desvalguts, demanant un home experimentat que les sàpiga portar per la vida. Volia ser com les grans i assajava pintures i vet aquí que ell s'enamora d'ella tal com és, vergonyosa i amb la robeta de flors estampades comprada a la Ragazzeria.

Però, ¿s'ha enamorat ell, realment? A vegades, quan el veu autoritari, enfadat si ella no vol cedir i agafant-la fins a fer-li mal i doblegar-la al seu gust, pensa que un enamorat no hauria de ser així. Almenys ella de mal, no n'hi faria, tot al contrari. Però ell fa mal i també sap portar-la com un àngel quan vol. I vol sempre que ella obeeixi. I ella, a cada obediència forçada acumula una decepció, una amargor que no es vol confessar.

Per això deu ser que cada vegada està més contenta que vingui Dani a estudiar. La manera com deixa la motxilla, com prepara els llibres i pren notes li resulta confortant. Li sembla que aquell és el seu món de veritat. Perquè Manuel la fa sentir com si la portés a saltar un precipici fosc, un Superman amb mala bava que intentés deixar-la caure per provar a veure si ella cridaria.

El cert és que es va despertant a una realitat que no li agrada gens, que li fa tristor de pensar-hi. Davant del mirall, mentre es repassa la boca per veure si la té encetada, es pregunta com s'ha tornat i què passarà quan se sàpiga. Perquè se sabrà, segur. Li estranya que cap veí no l'hagi vista, i que si l'ha vista no hagi dit res a casa.

Dani la distreu amb la història de les ànimes de pedra. És un pesat perquè li va explicant tot el conte, però és capaç de guanyar el premi. A vegades li fa xocolata, perquè segur que a casa seva altres feines tenen que contemplar-lo a ell. I ell somriu com un gos agraït.

Aquests últims dies el profe de ciències s'ha quedat quiet al seu davant, interrogant-la sense paraules des de les seves ulleres que el fan semblar un insecte. Ha arrugat les celles volent dir que això no rutlla. A ella li ha sabut greu. Greu perquè li agrada l'assignatura i perquè decep el pobre paio. Li falla. És cert que no hi té cap compromís i que la majoria de companys i companyes passen, diuen. Treballen just per obligació i gràcies. Obligació de cara als pares, perquè a vegades aquests pares s'atreveixen a renyar i tot.

* * *

A migdia Xabi Olaya, del restaurant Corona, el primer en qualitat i prestigi, fa lliçons pràctiques de cuina a televisió. Al fons, els cambrers paren taula, una taula exquisida amb tots els detalls, que llueixen com en una revista de decoració: canelobres, coberts de plata, gerros, tovallons plegats en filigrana, tot allò que fa que el públic entri en un local com aquest i se senti una mica encarcarat, com si fos al cos d'un rei. I com un rei tracten els Olaya el client, encara que sigui un industrial cridaner i de riure gras.

No obstant, la cuina d'Olaya, almenys la que presenta a televisió, és senzilla. S'ha de mirar que plagui a les mestresses de casa i les faci sentir el que no són: les reinetes de la llar, ai, reina, quina pessigada que et fotria, sol dir el marit pegant-li un cop a l'anca abans d'anar a cardar amb la veïna.

I tant, si s'ha posat el públic a la butxaca. El públic i els calerons, que fan de bon, de molt bon guanyar i ajuden ¡i tant! a passar la crisi i a satisfer capricis. Ara Manuel surt amb que es vol comprar una Yamaha Waverunner per córrer sobre l'aigua com un bòlid. Aquest noi... pensa el pare, i somriu satisfet. És bon xicot. Sempre puntual a la feina, sempre de bon humor. Després que faci el que vulgui, mentre compleixi. La joventut és curta i s'ha d'aprofitar ben aprofitada. Això sí, fill, no prenyis cap nena, que prou artilugis hi ha avui dia perquè això no passi. Mira quantes marques, quantes capsetes, i nosaltres havíem d'anar morts de vergonya a la farmàcia o fer-los comprar per germans grans que es xivaven. Res de prenyar mocoses, doncs. Sembla mentida com el jovent no escarmenta. Molt d'estudiar, però més curts que una cua de conill.

La vida és curta, la intel·ligència és curta, però si la pela és llarga, fa tot de més bon passar, i aquesta és tota la filosofia d'aquest món.

La mare de Manuel, Adelaida Berastegui, és una dona fina com de porcellana, que sembla que s'hagi de trencar a cada moment. Quan surt a saludar algun client molt selecte, es fa un silenci súbit perquè és com si s'obrissin les portes i aparegués la reina, caminant un peu davant de l'altre amb exactitud i pausa i allargant ja el braç cap al client, veient-lo sols a ell o a ella, a qui dedica tota l'atenció. Perfumada, sol anar amb vestits de tons suaus pastel, plisats, amb els cabells pentinats enrera i recollits, com les pintures de Tamara de Lempicka.

El restaurant és famós per la cuina televisada però també per la dona, Adelaida Berastegui, que, sota l'aparença de fragilitat, porta rigorosament els comptes de la casa i la decoració del local. I, ella sí, està al cas de les sortides del noi. Li pren la cara amb les mans fines i primes, de llargues ungles esmaltades. Li agafa la cara amb les dues mans i se l'acosta amb gest teatral per besar-lo entre perfums costosos quan ell marxa, quan ell arriba. Sap llegir als ulls del fill les aventures, el cansament, l'excitació, la febre, l'orgull. Però en el fons el noi és generós i falaguer amb ells dos, i per comprar aquesta falagueria li dóna, d'amagat del pare, els bitllets pels capricis. El pare, d'amagat de la mare, fa el mateix, perquè la vida és curta, i almenys que sigui daurada.

És divendres. El nou Ford no cal ni que aparqui perquè Francesca ja és a la vorera i ell l'agafa al vol. Encara hi ha olor de fred a l'ambient però la tarda ja allarga una mica més. Es fa una claror daurada al final del passeig, i les altes cúpules brillen amb un reflex oxidat abans de tornar-se cendra. Avui van als barris antics i s'aturen a la placeta solitària dels quatre plàtans. Entren al «Ninja», tot decorat en verd neó. Les cares tenen una aparença espectral.

—¿Què et sembla, eh? Ara podria sortir un terrible guerrer i vèncer els dracs que hi ha pintats a les parets.

Hi ha dracs que treuen fum pel nas i per la boca, en la tradició dels contes orientals. Pagodes, estendards, pontets estilitzats entre muntanyes i avets, la paret és plena de paisatges i les gheises amanseixen terribles dracs amb les mans pàl·lides i un somriure de màscara.

S'acosta una japonesa i fa les reverències abans de conduir-los passadís endins entre llums verdes com d'aquari. Francesca està impressionada i no diu res. Camina en silenci i hi ha una música llunyana, de percussió, amb una sola corda de guitarra com una gota d'aigua.

La gheisa els obre una porta. És una habitació circular amb miralls tot al voltant i un llit rodó amb edredó verd clar que sembla una gran poma. Als miralls hi ha peixos gravats i és com si realment fossin dins d'un aquari. Una olor dolça flota en l'ambient. Potser olor de fruita massa madura, un punt picant, però no es veu fruita.

Francesca mira tot al voltant, recelosa. Manuel l'abraça.

—Estem dins d'un conte de fades. El que passi aquí és com si no hagués passat. Després s'esborra del tot i quan surts no te'n recordes.

Li serveix beguda. Hi ha gots i ampolles en una tauleta. Sembla suc de taronja, però avui no es veu xocolata per enlloc. Ella beu. Ell se serveix d'una coctelera un líquid pastós i breu. Dos glops i s'acaba.

—Vinga, nena, al llit. Veuràs que bé que s'hi està en un llit d'aquests. És d'aigua.

Ella s'hi asseu a la vora. És ondulant.

—Així no. Despulla't.

Francesca s'aixeca d'una revolada i busca la porta. Ell riu i no es mou. La porta està tancada.

—No em facis córrer i vine.

Ella continua quieta. Li sembla que es torna a marejar, com dimecres passat. De sobte s'espanta. Hi deu haver alguna cosa a la beguda que... Ara mateix voldria vomitar però no pot.

Ell s'hi acosta rient, l'agafa i li va treient la roba i llençant-la a terra amb fúria. Després l'aixeca i la rebat sobre el llit, que es mou en ondes. Francesca no troba forces per oposar-s'hi i fa anar les cames amb intenció de donar-li una puntada de peu, però ell és fort i la subjecta, encara rient. Fa l'efecte que s'estiguin debatent sobre una superfície d'aigua. Ell es despulla i l'abraça.

Quan Manuel està satisfet, li mana que es vesteixi i Francesca obeeix com una autòmata. Abans de sortir de l'habitació, ell l'abraça i li posa un bombó a la boca, que ella prova d'escopir. Ell el tira més endins i li fa menjar a la força.

—Les nenes obedients tindran el seu regal, a més de la xocolata. Té.

Li dóna una capseta. Ella no la vol però ell li fa desembolicar. Hi ha un braçalet de plata. Una cadeneta treballada amb pedres blaves. Li posa a la butxaca.

—¿T'ha agradat?

Francesca no contesta i té el cap baix.

—Ja tornarem. T'ensenyaré més habitacions boniques. De fet ja n'has vist una altra, però et vas marejar una mica. T'hi aniràs acostumant. I, naturalment, no diràs res a ningú perquè et podrien passar coses molt dolentes, si xerres. Coses que no es veuen però que fan mal. Més val que no ho provis. M'agrades molt, ¿saps? Ja m'ho va semblar per telèfon, però ara és millor. Fins divendres, doncs.

El cotxe verd mosca travessa la nit, s'atura al Dorada i es perd entre el trànsit. Al mirall de l'ascensor Francesca es veu la cara pàl·lida i els llavis inflats. Sembla que l'ascensor va més lent que mai. L-o-v-e. P-u-t-a. L'estelada fa pampallugues. La clau es resisteix a entrar. Li cau de les mans. Per fi pot obrir i es deixa anar damunt del llit sense ni encendre la llum blava. Plora, primer fluix i després en arcades, com si vomités.

Al cap d'una estona s'aixeca com somnàmbula, es despulla i es prepara un bany. Hi aboca escuma rosa i es frega amb el guant d'arpillera. Es deixa anar a l'aigua i s'hi està una estona, flotant i amb el cap repenjat en un extrem. Sort que avui sembla que els pares arriben més tard.

Prova de pensar. Li havien agradat les mans de Manuel. Les desitjava. Però avui Manuel ha fet servir la força. Manuel ha forçat la situació. Francesca no vol acabar de pronunciar la paraula. Lentament s'ha format la paraula sencera a base d'estirar una lletra i una altra i posar-les arrenglerades, però no la vol dir. La paraula, però, circula per dins seu i la sang la fa anar amunt i avall. Els batecs del cor la reparteixen per tota la seva geografia. La sent a la pell i al ventre. El ventre se li fa transparent i la paraula és allà dins: violació. No se la pot arrencar ni la pot rentar.

Plora i les llàgrimes cauen a l'escuma rosa. ¿Què et pensaves, Francesca? Els nois grans que juguen a homes volen això. Volen les nenes, les col·legiales bledes, les que es posen vermelles i acaben de sortir al món. Ho has vist en cine i ara te n'estranyes. ¿Que potser tu ets diferent de les altres? No se sap dir res més. No té elements per jutjar. Es nota amarga però vol tornar a sentir les mans de Manuel sobre el seu cos. Aquesta contradicció la incomoda.

S'embolica al barnús groc, esponjós, i es fica al llit amb barnús i tot. Dirà que no es troba bé, que s'ha encostipat i que no li passa res per la gola. Sent la clau a la porta. Ara ho haurà de dir. Ara entraran a l'habitació. Entra la mare i li toca el front. Troba que sí, que està calenta i li dóna el termòmetre. Fa trenta-set dos. No és gran cosa, nena, però n'hi ha prou per sentir-se destrempat. Et portaré llet tèbia i galetes.

Ara Francesca plora perquè aquí dins, a casa, tot

és tan amable i segur. Tot l'acull, tot l'estima. No és cert. Tot és segur menys ella. Ella ha fet entrar alguna cosa hostil i amenaçadora que ha de guardar en secret. Ara el cap li bull de veritat. Pensa que no es podrà treure Manuel de sobre. La té agafada. Si ho diu a algú, li farà mal. ¿Quin mal? Té por. Una por freda que se li comença a recargolar pel cor com un animal viscós i repugnant. Potser no se n'ha adonat fins aquest moment.

I es veurà obligada a fer el cor fort. A estudiar com cada dia, pensant que al vespre... És massa fort. No podrà. Es donaria cops de cap a la paret, com un ocell engabiat per primera vegada que topa i topa contra els filferros de la gàbia. L'ocell no sap que no podrà sortir. Francesca sap que no podrà sortir-se'n. Potser és pitjor.

Ve la mare amb la safata i la deixa allà. Li explica la pel·lícula que han vist. Li fa gràcia que Michael Douglas es digui Prendergast a la pel·lícula, perquè ella havia conegut un Prendergast i era un funcionari tot vestit de fosc, molt més lleig que Douglas. A Francesca les paraules de la mare li rellisquen però no voldria que li rellisquessin. S'hi vol agafar perquè són segures, són amables, són com una mà tèbia que acaricia el front sense buscar res més. Se li humitegen els ulls, però l'encostipat ja dóna aquests estats plorosos. Amb una aspirina passaran tots els mals. Es pren l'aspirina i prova de dormir.

* * *

Dani ve a estudiar els dimarts i els dijous. Diu que els dilluns va a la biblioteca i així sols el veuen un dia a la setmana. No és un company molest i Francesca s'ha acostumat a anar a la seva prescindint d'ell si no és per alguna consulta concreta.

Els dilluns Francesca va a veure el nen de la seva germana, que es diu Martí. Primer hi feien broma per allò del porc, però després es van decantar per la part generosa i deien que sant Martí va fer molt ben fet de donar mitja capa al pobre, però ja li hauria pogut donar sencera, que ell devia tenir més roba. Mai no esteu contents, remugava la mare.

Les tardes a casa de Magdalena són una illa. Conversen i Francesca, si no hi ha la mare ni cap amiga, li explica coses de l'institut i dels amics, fixa't ara en Dani, quina situació té a casa seva. O bé, aquest estiu vull anar a un camp de treball ben guai, o a observar balenes des d'un veler. O... A vegades Francesca es queda pensativa mirant sense veure.

—Cesca, a tu et passa alguna cosa.

Magdalena l'observa i ja porta uns quants dies veient detalls que la inquieten. Francesca no contesta i aixeca els ulls amb sobresalt, com si l'haguessin distret d'un pensament. Magdalena insisteix.

Francesca no. Sap que el profesor de ciències, sobretot, es dedica a la seva feina d'una manera que ha de ser corresposta. I llavors abaixa els ulls no sabent com justificar-se. Procurarà fer un bon treball ara que vénen les vacances de Pasqua, però ho diu d'una manera tova i poc convençuda.

S'acosta Pasqua. Les primeres vacances des que surt amb Manuel. Per primera vegada també pensa seriosament que vol acabar aquesta relació. Quan ho pensa té por, molta por. No sap fins a quin punt es compliran les amenaces de Manuel, i ha vist pel·lícules on fan coses horroroses als que parlen. És clar que ella no dirà res, però està segura que ell no la deixarà anar així com així.

Se sent angoixada i a vegades voldria explicar-ho a algú i repassa amb el pensament la gent que coneix. No s'atreveix a confiar-se. No pot resistir més el pes de tantes nits de somiar amb por. I ara, per postres, tothom li nota a la cara. Té sort que es pensen que està enamoriscada i ho troben natural. Amb això guanya temps. Però sap que ara la vigilaran més de prop i voldran saber qui és el paio. Es retorça les mans i no sap trobar la sortida. A vegades sent l'impuls de marxar lluny, però això també li fa por. ¿Què podria fer, fora de casa? La imaginació li bull, però sobretot que la mare no ho sàpiga.

En algun moment ha pensat que li ho dirà a Dani, però no pot deixar de veure'l com un mitja merda, incapaç d'entendre qüestions de gent gran. ¿Què pot saber ell? Farà uns ulls com taronges, li suaran les mans, es tornarà tartamut i ves que no es posi a plorar i tot i no li caiguin els mocs. No. Per aquí no vindrà la solució.

Magdalena. Potser sí. Però Magdalena és massa a prop de la família. Són germanes més que amigues, i això fa que la confidència es pugui escapar i anar a parar a les mans dels pares. Està atrapada.

* * *

Fa uns quants dies que Manuel la veu absent. Ell vol que li somrigui i que l'abraci. I ella ho fa, perquè ell l'ha sabut dominar a bufetades. Si ella gira la cara, bufetada. Si es gira d'esquena, bufetada. La primera vegada que li va pegar es va sorprendre tant que es va quedar amb els ulls esbatanats mirant-lo, sense reaccionar. Ara ja sap què ha de fer. I això només és començar, li va dir ell. Ja saps el que diuen a la canalla: qui no vol creure el pare i la mare, ha de creure la pell de cabra, i aquí tinc un cinturó per demostrar-t'ho. No ha calgut que fes servir el cinturó ni que la pell blanca de Francesca quedés senyalada amb una llarga línia primer vermella, després morada i finalment groga.

Hi ha compensacions. Hi ha xocolata en totes les formes imaginades. De tal manera que Francesca ha arribat a avorrir la xocolata. Veure xocolata l'ha condicionada i li fa venir basca. A casa s'estranyen que no se'n faci, tan afeccionada que n'era. I si algú li regala bombons, que solen ser caixa roja en diferents mides, els desa a l'armari. L'olor de la xocolata li provoca alhora desig i repulsió. A la seva ment hi té una mena de garbuix increïble i arriba a pensar si es tornarà boja. Pensa els moviments de Manuel els primers dies, resseguint-li els llavis com si els pintés. Li ha fet conèixer la xocolata més dolça i la més amarga. Li diu, mira, aquesta porta un tant per cent de cacau més alt i és fosca, ¿veus? i amarga.

La veritat és que ara el record de la xocolata associada a les exigències sexuals de Manuel li amargueja no solament la boca sinó el pensament, i no sap desfer-se d'una sensació de fàstic involuntària. Per això no es menja els bombons que li regalen i, perquè no els trobi la mare, els dóna a Dani i així s'estalvia explicacions.

Manuel també li fa petits obsequis de plata. Arracades, cadenetes, anells que es poden col·leccionar i porten una pedreta de cada color. Van dins de bossetes pelfades que imiten pell, lligades amb un cordonet de seda. I diners, ell li dóna diners que ella no vol agafar de cap manera, però que ell li posa a la butxaca de l'anorac o de l'abric. Els ha d'agafar perquè ja ha après a obeir l'amo. Desa totes aquestes coses a la seva caixa forta, on té els estalvis per comprar regals de sants i aniversaris. Ho té a part, embolicat en un plàstic. La clau l'amaga perquè ningú no li regiri la caixa, i la mare li respecta i no li ha obert mai.

* * *

Ara, Manuel la troba capficada. Francesca s'ha tornat dòcil però trista. I també nota els cercles morats sota els ulls, perquè ella no ha après a maquillar-se per dissimular. La floreta s'està pansint i això no pot ser. La neneta perd colors, aquells colors de poma tendra encara àcida, que incita a la mossegada sucosa. ¿Què en farem, de la col·legiala? Podria provar amb la coca. La coca l'estimularia, però a ella encara no l'ha iniciada. Li agrada així, inexperta i desvalguda, que dóna tot el que té sense mitjans artificials, i és fabulosa.

Ho ha pensat però es resisteix a provar la coca amb Francesca, almenys per ara. És clar que hi va haver dues vegades, al principi, que la van deixar al·lucinada, una barreja d'àcid a la beguda i ella, després, no es recordava de res i reia, reia com una fava. Però ell s'estima més que recordi, que hi sigui tota sencera, ben desperta, conscient del que pot fer un bon mascle entrenat amb una principiant mocoseta que cau tota sola a la xarxa del caçador.

Ell n'ha domada més d'una i és un plaer, perquè la femella humana es retorça i demana clemència però no és de fiar. Treu les ungles, mossega i xiscla però no s'acaba d'aprendre la lliçó fins que no la marques ben marcada. Tot aquest procés, pas per pas, quan s'ha ensumat una bona peça, resulta incitant i estimulant. Al capdamunt hi ha el somriure de l'amo, del caçador satisfet que s'apunta un trofeu rebel.

De totes maneres Manuel afluixa. De moment no torna a amenaçar ni es complau a pegar. Fa veure que tot és com al principi i es demostra fingidament tendre i melós per veure si la repesca. Sent que ella es deixa anar als seus braços però li veu la por als ulls. Ja li agrada així, també, abandonada a la seva voluntat i ell podent disposar d'aquest cos que no és l'únic però és el més tendre.

Si així i tot la nena s'escapa, bon vent, que el món és ple de jardins de primavera i les flors hi són perquè algú les culli, com més aponcellades millor. Que es quedi a casa amb la seva xocolata desfeta. Reconeix que no deixa de ser original tota aquesta comèdia de les xocolates. Francesca és tota ella una crema recoberta de xocolata, bona per llepar-s'hi tot allò que calgui. Doncs que es banyi sencera en xocolata, que ell ja ha tastat prou aquest plat i podria ser que n'acabés embafat.

Mentrestant el Ford color verd mosca metal·litzat brunz per la costa i s'espera pacient a les places del barri vell. Arriba la primavera i s'acosten les vacances, les tardes s'allarguen i l'aire és més lleuger i tebi.

Francesca observa aquests canvis. N'està entrenada. Ara el profe de ciències vol fer-los observar les estrelles amb el telescopi de l'institut i faran sessions nocturnes. ¿Veieu?, els diu: som a la cua de tot d'una galàxia que es diu Via Làctia. Dibuixa la galàxia a la pissarra. Som aquí, a l'extrem, donant voltes i més voltes. Sembla ridícul, ¿oi? Quan ens pensem que som els més grans i els millors, i no som res més que pols d'estrelles en un racó oblidat de l'univers.

És fantàstic, el profe. Sempre acaba fent reflexions i a vegades provocant confidències d'algun alumne que se sent romàntic emparat en la nit. Nits encara fredes d'una primavera que remou la sang i prepara els cossos amb unes sensacions inquietants, imparables, urgents, noves.

Manuel, en canvi, és home de locals tancats i necessita climes també nocturns però en galàxies més acostades, de carn i ossos. Colors de nit blau fred i llums fúcsia, incitants, d'estrelles properes a tocar de mans. Necessita flotar no en pols estel·lar sinó en una sàvia combinació d'alcohols. Algun, al seu voltant, el relaciona amb un discret tràfic de droga: haixix, coca, res de més fort. És una manera fàcil de fer pela, i ell té projectes.

Fa alguna concessió a la natura, és cert. Els dissabtes al matí i les vacances d'estiu, quan practica amb la Yamaha aquàtica. Així que pugui es comprarà un iot per celebrar-hi festes molt especials. Ja ho té pensat. El gerent d'uns laboratoris farmacèutics que pleguen es ven la seva embarcació a bon preu per necessitats econòmiques urgents. Manuel es frega les mans. La crisi no ho és pas per tothom.

* * *

El telèfon encara és innocent, posat a la tauleta baixa al costat de la butaca còmoda, per enraonar de gust. Els mobles, és clar, no han canviat. La mateixa mitja llum es filtra per les cortines, tirades a la tarda per por de la indiscreció dels possibles veïns *voyeurs*. Els llibres dels prestatges, massa nous, no han estat pas més llegits en aquest temps que va des de primers de gener fins a finals de març.

Una tarda Francesca s'hi acosta. Porta un retall de diari amb un número encerclat amb bolígraf blau. Truca i no es decideix a enraonar. A l'altra banda s'esperen però no deixen allargar massa el silenci. La veu és de dona, pregunta tímidament perquè qui ha trucat agafi confiança. I Francesca, per fi, es decideix. Ho explica tot, però en resum. Està acostumada a resumir un text i dividir-lo en els apartats més importants. Ara sols diu els enunciats i poca cosa més. Es traeix perquè, al final, pregunta amb veu massa ansiosa, ¿es pot solucionar?

La dona de l'altra banda no se sorprèn ni s'exclama. Parla a poc a poc, sense paraules sobreres. Es fa càrrec del que li expliquen i va treient conclusions. En aquest telèfon no li cal donar un nom fals. Ni vertader tampoc. Ella no diu qui és, només explica i aboca, amb una amargor com si vomités bilis. La interlocutora sap que la noia, perquè qui truca és una noia jove, està plorant. Per desgràcia té massa experiència en aquest servei telefònic i aquesta no és pas la primera ni serà l'última. Mentalment es va fent una composició de lloc i pot seguir tot el rosari d'accions que la noia li explica. Ha de reconèixer que la nena parla amb claredat, sabent el que diu, no entremig d'una torrentada de llàgrimes i pauses com solen fer la majoria. No li sembla una noia freda, sinó algú que pensa el que diu.

Va entenent que la nena mantenia una relació de tertúlia amb un noi més gran pel que sembla, i ell va voler que es coneixessin. Ella hi va anar amb ganes, il·lusionada i orgullosa que un noi com aquell, esportiu i amb diners, la volgués per amiga, perquè ella és una noia senzilla que se sent una mica sola. Es va deixar enlluernar pels seus ambients, que ella no havia ni somiat. No per fabulosos sinó per, ¿com ho diria? estranys, luxosos i estranys, no ho sap dir d'altra manera perquè no en té cap mena d'experiència. La persona anònima que l'escolta a l'altre cap del telèfon sí que ho comprèn.

Francesca fa una pausa. Hi ha coses que no dirà perquè no calen i perquè li fa vergonya. No cal, per exemple, dir que Coro Valverde, amb quinze anys, la va seduir des de les pàgines d'una revista, voltada de belleses també joves, amb uns cossos de dona-nena i uns ulls i uns llavis carnosos que demanaven ser besats per qualsevol home amb diners o prestigi.

No dirà que quan enraonava per telèfon amb Manuel li semblava un home anunci dels més atraients. I que quan el va veure va comprovar que era veritat i no s'hi va poder resistir: era com un somni que s'acomplia, i a sobre tenia diners i vivia com un príncep. Ella seria una princesa. No dirà tot això a la dona que escolta, però la dona que escolta sap quins són els motius encara que Francesca ara no els vulgui dir. No cal que els digui.

Hi ha una pausa quan Francesca acaba d'enraonar. Ara les seves cartes són sobre la taula, és a dir, altra vegada es repenja als cables telefònics que comuniquen tota l'angoixa, l'amargor i la impotència, la debilitat i finalment l'esperança com una llumeneta al final de tot. Com quan Indiana Jones descobreix la sortida d'un llarg passadís de pedres en una mina obstruïda.

El cable resisteix tot això. La dona diu que la solució hi és i no li nega que és difícil. Difícil i necessària. Difícil perquè depèn solament de la voluntat de Francesca. De l'anònima Francesca, que aquí ja és només un cas. Un cas a qui ha passat alguna cosa que vol esborrar.

La veu li diu: acabar sí que podràs, però esborrar no. La dona de l'altra banda ho sap, com un metge quan fa el diagnòstic. Ara a Francesca li sembla que és asseguda a la butaca davant d'un metge, i tot el que diuen els metges no és precisament agradable. Se n'adona. Esborrar mai més. Ara és la dona qui fa una pausa no gaire llarga. Ha de donar un consell abans la noia no pengi, penedida d'haver parlat. Diu:

—Truca una altra vegada. Ara pensa això que t'he dit i et sentiràs molt millor. No facis cas de les amenaces. La teva vida és teva i ningú no te l'ha de comprar. Tu has de ser feliç, i ara sofreixes, però passarà, creu-me. Les ferides de l'ànima també cicatritzen. Rumia-t'ho sobre el coixí i pren una decisió. Ja has començat a prendre-la, ànim. Torna'm a trucar, sisplau.

Pengen totes dues veus. Ara Francesca té por però d'una altra manera. No tant de les amenaces com del pas que ha de fer. Denunciar-ho. Terrible, no podrà. Darrera de la paraula «denunciar» hi ha tot de temors que es desencadenaran i cauran sobre ella. A casa, sobretot els de casa. S'està quieta a la butaca, sense forces. Sembla hipnotitzada pel telèfon.

El que és segur és una cosa. No vol veure'l més. No més dimecres, no més divendres. No més cotxe ni habitacions sufocants, ni begudes. No més ell i les seves mans sobre el cos. No la maltractarà més. Ella estima el cos que té. És bonic. L'ha de protegir i no ho pot fer ningú més. És estrany, això. Ningú més. Fa que no amb el cap, i aquest moviment sembla que l'ajuda a treure's pes. El cervell va quedant alliberat com més hi pensa. Denuncia. Sigues valenta.

No vindrà cap heroi de novel·la ni de pel·lícula. No hi ha supermans ni venjadors ni *cowboys* solitaris que facin justícia a l'últim moment i li estalviïn el pas. Ella, ella sola s'ha de moure. Passarà el carrer, anirà cantonada avall, entrarà i... Fa miques un clínex darrera l'altre.

Es posa la jaqueta blava i els texans. L'aire del carrer fa olor de coses noves, potser són els brots tendres dels arbres en primavera. Quan veu parelles joves rient o acomiadant-se en algun portal sent una estirada a l'estómac i sequedat a la gola. Passa per davant de l'agència de viatges i hi veu molta animació. La gent deu preparar les vacances de Setmana Santa. Hi ha cartells amb ofertes de paisatges exòtics i altres amb encaputxats de posat terrible. Rius de gent amunt i avall demanen bitllets per fugir per aire, terra i mar, com antics exèrcits invasors de qui sap quins països. Ganga, llegeix: deu dies a Tailàndia, mercats de flors, menjar exòtic al carrer. El que no conten i tothom sap és el mercat del sexe, tan atraient, tan fàcil i barat. Compreu nenes i nens per pocs diners. Els pares se'ls venen amb un somriure desdentegat i asseguts a terra amb barba de cabra. Ho ha vist a televisió. I les nenetes de cara rodona i ulls confiats se les emporten els senyors americans, anglesos i japonesos. Els espanyols potser es conformen amb un bon massatge i una dona mig nua els puja sobre el cos com si muntés una bèstia atrotinada, plap, plap, plap, copets a la pell revellida. Francesca passa de pressa. Tira carrer avall i el cor li batega fort, fort, les mans li suen i encara no fa calor. Arriba i quan és a la porta dubta. Entra, per fi.

La fan esperar en una saleta i de seguida ve una noia jove que li pregunta el motiu de la visita. És amable i parla a poc a poc. La fa entrar en una habitació petita i es presenta: em dic Rebeca, i seu darrera una taula amb pot pels bolis, carpeta i un portaretrats. A la paret hi ha cartells i el conjunt sembla alegre, pintat de groc. També hi ha una planta florida, no sap quina, de color de rosa.

No es pensava que fos així. Potser s'imaginava que uns quants homes amb bigotis li farien preguntes o la renyarien. La noia la tranquil·litza, aquest és un departament de menors, i somriu. De totes maneres a Francesca li costa enraonar. Finalment ho fa i és com si fos una altra la que enraona, no ella. És com si contés una història que no és la seva. La seva ja l'ha dit abans per telèfon.

Quan explica és com si desplegués un mapa de països estranys i els anés assenyalant amb el dit, com fa amb el globus terraqüi. Ara els locals exòtics i el motel li semblen llunyans, gairebé com deu ser Tailàndia. La noia escolta i pren notes. Fa preguntes per aclarir alguns punts que s'han d'explicar més. Hi ha llum clara, amable, i això que fora ja és fosc. Pel corredor se senten passos, veus i tancar de portes. Quan ha acabat de parlar, la noia li diu el que faran. Ho haurà d'explicar més vegades però no serà tan dolent: ara ja ha començat. Ara s'ho està treient de sobre i això la farà sentir millor, tan bé que no serà difícil explicar-ho als pares. Hi haurà un judici però l'advocat ja l'aconsellarà. Una dona, l'advocat és una dona i és molt amable.

Francesca es torna a sentir com en una clínica abans d'una operació. Es remou nerviosa a la butaca de plàstic. Els pares, això sí que... La noia li diu que ella mateixa l'acompanyarà a casa i l'ajudarà a dir-ho. Francesca acotxa el cap i pregunta en veu baixa, ¿i ell...? No ha de tenir cap por. La noia truca per l'intèrfon i ve una altra dona més gran. Ella surt un moment. La dona li pregunta a quin institut va, quina assignatura li agrada més i si té molts amics o surten amb colla. Mentrestant torna l'altra. Diu que s'ha rebut una denúncia contra el mateix noi, sobre qui ja tenien algun avís pendent de comprovació. No diu qui ha fet la denúncia ni què han de comprovar. Si no haguessis estat tu l'haurien detingut igualment, ja ho veus. S'ha de ser valent. La gent té dret a viure tranquil·la. La dona gran, darrera, escolta.

La primera noia té dues coses a dir. Una és que ha passat massa temps per poder presentar proves per violació. L'advocat dirà què s'ha de fer. Després la renya suaument: no es pot jugar segons a què. Si les dones grans es troben sovint en situacions desagradables, amb més motiu les joves que s'arrisquen. Les fantasies no sempre resulten positives.

La noia fa una pausa. Està cansada de tot un dia molt llarg però Francesca no se n'adona: és aquí amb una qüestió que li crema a les mans i li pesa al cor. Per això encara que siguin les vuit i a casa l'esperin, l'ajudarà a sortir-se'n. A poc a poc, mirant Francesca als ulls, li diu:

—Hi ha tot un món molt fosc que tu no coneixes. Ara hi has començat a posar els peus i has tingut sort.

—¿Sort? Si jo...

—Sí, nena. Has tingut sort i recorda-ho quan sentis o llegeixis altres casos. Sort d'haver-te decidit a trucar per explicar-ho i de venir aquí després. Si vols, més endavant podràs venir un dia amb mi a veure noies que no han pogut o no han sabut sortir-se'n. Això les que són vives. I pensa que el que et dic no és cap amenaça.

Francesca acotxa el cap i desfà un altre clínex amb les mans. Encara sent com la noia afegeix:

—Apa, anem a casa teva. T'acompanyo i parlaré amb els teus pares.

Francesca es mira el rellotge. Seran a casa, segur. Es pensaran que ella és a la biblioteca perquè encara no són dos quarts de nou, que és l'hora de plegar. És dilluns. Avui no ha anat a casa de Magdalena i enyora la tranquil·litat d'allà i l'olor de nen petit, la sensació de lleugeresa fins i tot en l'aire clar de les habitacions.

Aquests últims dies s'ho ha preguntat moltes vegades i mai no s'ha donat la resposta: ¿com serà quan ho sàpiguen? ¿qui parlarà primer, ell o ella? La seva vida canviarà, ara, més que quan va començar a sortir. I vet aquí que arriba el moment i ja no es pot retardar més. Però ara no serà ella sola. Ara algú la portarà de la mà, pararà el cop, farà de filtre, de coixí, de... Sent la veu autoritària:

—Va, aixeca't. Anem, noia.

Agafen l'ascensor. Les paraules ratllades són al seu lloc, junt amb la bandera estelada. L'acompanyant inspecciona els quatre costats de l'ascensor. També li ha preguntat si han anat mai a casa. No, a casa mai. Ni a casa d'ell. Sempre fora. Ben mirat, s'han conegut poc.

Francesca pensa que l'ascensor és neutre. És el lloc on comença a perdre l'olor i el gust de Manuel i es transforma en col·legiala de veritat sota el globus de llum de color blavós que a vegades oscil·la. En passar pel quart pis l'ascensor rasca una mica. Sempre ho fa. Va dur. Són els sorolls habituals, familiars, que tranquil·litzen. No, a casa no.

* * *

L'entrevista és dura. Hi ha llàgrimes, sorpresa i dolor, molt dolor. L'assistenta social hi està acostumada. Ha vist moltes cases, moltes famílies, i al principi el cor li feia mal cada vegada que visitava una família, perquè ella només visita quan hi ha problemes. És la seva feina.

Tenia un professor a l'Escola d'Assistents Socials que deia, rient, que els problemes dels rics no eren problemes. Ella pensa que no és veritat del tot. Que hi ha una part de veritat, però que no hi fa res la condició social quan el dolor es presenta. Al dolor dels pobres s'hi afegeix la injustícia de les desigualtats. Per això ho deia el professor. Però el sofriment forma part d'una matèria fosca que s'acumula en una base desconeguda del cos, com els músculs, els ossos, els nervis i la sang. I quan el cos és atacat, tot se'n ressent per un igual, sigui ric o pobre.

Hi haurà la màxima discreció, però l'enfrontament serà inevitable. Ningú no en sabrà res, si vostès no volen. No, no ho volen. Cadascú pensa en les seves relacions. És el primer que se'ls acut. Rebeca ho sap i per això ha vingut. Poca gent pensa primer en el sofriment de la noia. La majoria temen les conseqüències perquè viuen pendents dels altres. Què diran els veïns, els parents, al treball, a l'escola, així, en aquest ordre. La màscara de sortir de casa es trenca en mil bocins, les parets es fan com de vidre i tota la família és un espectable on el dolor excita els estranys, que es freguen les mans de gust. Sempre és així i sempre ho serà. L'assistenta coneix bé els racons bruts del cor dels homes i les dones.

La mare entén ara el decaïment de Francesca. Pel seu cap passen i traspassen imatges i pensaments que li fan mal, com si li tallessin el cervell. Es mira la noia i el primer moviment que fa és acariciar-li el cap. La mà s'aixeca a poc a poc, com si pesés, i passa, tremolosa, pels cabells de Francesca. No diu cap vegada allò que Francesca té por de sentir: mira què ens has fet. No ho diu ni ho pensa, ara ja. Sí que ho havia pensat al mateix moment de saber-ho, però alguna cosa molt fonda ha ofegat uns sentiments i n'ha fet pujar d'altres. Les llàgrimes li cremen els ulls i cauen sense que ho pugui evitar. Ella les deixa caure i mentrestant sent que el cor se li fa gran i fondo, i que la filla, aquesta filla petita, necessita entrar-hi.

L'assistenta nota el canvi. Sap llegir els ulls i els gestos. No diu res i espera les reaccions. Les actituds que al principi es resistien ara es tornen compassives. ¿I el pare? El pare s'està al darrera i fa anar les mans, nerviós. Mira la seva dona i potser ha pensat el mateix que ella. Més aviat, però, se sorprèn perquè no pot acabar d'imaginar-se el que ha passat. La nena, ¿com pot haver arribat a aquests extrems?

Hi dóna tombs i més tombs i sent que li neix un desig de venjança. Aquest porc ho pagarà, i tant si ho pagarà. Ell procurarà que es faci justícia. Si ara el tingués davant l'escanyaria. I les mans donen voltes i més voltes, com si de veritat ofeguessin algú.

Aquesta nit Rebeca podrà deixar la noia amb la seguretat que tindrà un bon tracte. La noia ara ja és un expedient i la peça d'un nou engranatge que es posa en marxa per atrapar Manuel Olaya-Lluís A. i vés a saber quants noms més. L'assistenta mira els pares altra vegada per assegurar-se que tot anirà bé, a casa. No sempre és així. Pot contar casos de noies apallissades a qui les famílies han tret al carrer per situacions com aquesta. S'aixeca i els pares l'acompanyen a la porta. Francesca es queda al menjador i ells li agraeixen que s'hagi preocupat per la nena, la petita.

Quan Rebeca, per fi, és a l'ascensor, es mira el rellotge i sospira. Ja no li queden hores, les ha donades totes.

* * *

Francesca seu a l'escala de l'embarcador. Mira l'aigua. Li havien dit que era bruta i que feia pudor. Bruta potser sí, que ho està, però de pudor, no en sent. No més que al port, si ha de comparar. Hi ha molts turistes. Molts grups de joves, que seuen al moll dels Schiavoni i a totes les escales i baranes que es troben al pas. Ella també. Gairebé tots porten el barret de palla amb la cinta de color, típica dels gondolers. Ella no.

Els pares són a comprar regals a Rialto. Han vist roba brodada i a la mare li ha fet gràcia. El pare, en aquestes coses, segueix i paga. Ella els espera i mentrestant, asseguda a l'embarcador on van arribant i marxant les gòndoles toca l'aigua amb la mà. L'aire encara és fresc, i això que és migdia.

Pensa, veient aquesta aigua, que és possible que el seu neguit se l'emporti el corrent. Canals enllà, port enllà, avall, endins, qui sap on. Ara recorda una vella cançó que canta el pare els dies de festa, quan beu més i fan gresca després de dinar. Sol agafar una copa i fer una veu gruixuda i diu: no vagis a la mar — a encomanar les penes — no vagis a la mar — les aigües en van plenes.

Francesca riu pensant-hi. Riu i s'adona que riu.

Fa temps que el somriure no li surt, i menys encara el riure, riure franc, del que arriba a fer mal a l'estómac per les contraccions i que a vegades costa de tallar. Riu. Aixeca el cap. Si algú la veu es pensarà que és boja. Ningú no s'hi fixa. Cadascú va per ell. Les estretes terrasses als costats del canal són plenes de gent que fa l'aperitiu. Hi ha poques ombrel·les perquè els turistes volen prendre el sol, un sol minso que apareix entre boires molt blanques.

Ella serà una més de les que llença les penes a mar. Encara que l'aigua en vagi plena, no vindrà d'una. Que se les mengin els peixos. Cada dofí s'empassarà una pena. Saltaran enlaire i ¡zap! endins. Quan era petita l'enredaven dient que els bacallans eren tan salats per les llàgrimes de la gent que plorava sobre el mar: naufragis, dones de pescadors i de mariners que anaven a vora l'aigua a esperar... i ella s'ho creia i li feia molta pena. Ara torna a riure d'aquella credulitat però pensa que a un infant no se li hauria de dir res que el fes posar trist. Quan ella tingui un fill només li dirà coses boniques.

Ha pensat això automàticament i es detura en sec. Està segura d'una cosa: no voldrà sortir amb cap més noi. Li fa mal el cor només de recordar, i tot està tan fresc, és tan recent, que del riure passa a les llàgrimes. Algú va parlar d'un psicòleg. La nena l'haurà de visitar un psicòleg. ¿Per què? Li han dit, també: per curar les ferides que no es veuen. La veu anònima del telèfon li va dir: passarà, perquè les ferides de l'ànima també cicatritzen.

De moment, quan li ve el pensament d'angoixa, fa acció de llençar-lo a l'aigua. Canal avall. Aquesta ciutat porta tanta aigua que ningú no deu tenir penes perquè és fàcil llençar-les. Francesca torna a somriure i un gondoler que fa estona que és allà avarat esperant clients se la mira. L'home es veu gran, té arrugues als costats de la boca i al front, però el mocador al coll i el barret amb cintes li dóna un aire de noiet. Per un moment les mirades es troben i l'home li somriu. N'ha vistes moltes, de noies plorant soles en embarcadors com aquest. I algun home també, però no tants. Ploren més les dones. Francesca se'n dóna vergonya i mira cap al pont a veure si arriben els pares.

Arriben amb bosses de regals i el pare proposa fer el vermut en una d'aquelles terrasses. Francesca s'aixeca i no pot estar-se de mirar el gondoler, que li somriu i la saluda amb una mà. Ella també li somriu. No el veurà més.

Escriu postals als amics de classe. A Dani, que ja va acabar el conte de les animetes de pedra. Als de l'equip de treball de ciències. Voldria enviar-ne una al profe, però no se'n recorda de l'adreça. Llàstima. A Magdalena li escriuen tots tres, amb records pel petit.

S'estan a l'Albergo Ala, al centre mateix, a la plaça de Santa Maria del Giglio. A la placeta empedrada hi ha un pou al mig, molt antic. Al voltant hi fan mercadet de brocanters. S'hi està bé. Sempre és ple de gent tafanejant i Francesca s'entreté mirant collarets i figuretes de porcellana.

La nit de dissabte el pare truca a Magdalena. Tenen una conversa llarga. Quan sopen ho diu: el van detenir dijous, nosaltres ja érem fora. El pare no afegeix res més i passa a explicar coses de Venècia. Ell va tenir un amic que feia de professor aquí.

Aquest amic li va presentar una vegada un fabricant de màscares. Demà l'aniran a veure. Potser en compraran alguna, perquè les màscares venecianes són precioses i el carnaval és cosa de veure.

Al seu llit de l'Albergo Ala, Francesca se sent estranya. És com si l'haguessin trasplantat. Treta de casa i posada aquí. És clar que sols són sis dies, però se li fan llargs. Sobretot quan es troba envoltada de jovent. A vegades, sense adonar-se'n, passa una excursió de joves i ella es troba al mig perquè s'ha entretingut en un aparador o en una parada de carrer. Es gira i potser un noi blanc i ros amb pinta d'anglès li fa una mirada aigualida. O dues noies que s'expliquen un acudit en francès passen a tocar i els deixa lloc perquè ella, quieta allà, fa nosa.

Llavors és quan s'enyora més. Aquells no són els seus. No riu amb ells ni s'hi sent acollida. Hi ha els pares, i quan és amb ells està bé, vol veure tot el que pugui i recordar-ho, i pregunta, s'interessa. Però el cor el té sol i no es pot repenjar en res que no li resulti dolorós. Per això busca ara, veient aquests ramats de nois i noies amb roba clara i molt acolorida, el que potser havia abandonat durant els últims temps. Els companys d'institut. A Dani li hauria agradat ser aquí, segurament. Si ella tingués un germà... No. No li agradaria tenir un germà. Està bé a casa com està. En certa manera és mestressa de casa seva, i això li agrada. Tret dels pares i no sempre, ningú no li discuteix res ni s'hi baralla.

Les campanes anuncien la Pasqua. Com si el temps ajudés, s'ha fos la boira i el cel és clar. Les excursions es multipliquen i els vaporettos i els ferrys van d'una platja a l'altra, d'una illa a l'altra.

La gent comenta, a vegades: pensar que hi ha guerra tan a prop... i ningú no es pot imaginar que a quatre passes, mentre aquí repiquen a glòria, les bombes esclafin els cossos d'altres joves sense tanta sort com per sortir de vacances.

Van a visitar el fabricant de màscares. Té una botiga estreta que s'obre el Canal Grande, però després, a la rebotiga, el local s'eixampla i s'entra en un magatzem sorprenent. L'home els rep amb un somriure cordial. És menut i prim i a Francesca li recorda Aznavour, per lleig. Fa molts gestos. Sembla que faci comèdia i potser sí, que és això, perquè s'emprova les màscares i interpreta el que representa cada personatge. Hi ha tota la Commedia dell'Arte que penja del sostre i que es mou amb l'aire d'una finestra llarga que dóna a un jardí.

Hi ha màscares amb uns bellíssims vestits de seda de colors com la nit, blau i estrelles, i com el dia, groc de sol. Entremig hi ha gammes de rosa al vermell, i diademes, mantells verds com les ales de les fades, i complements. Tot allò que la gent necessita per disfressar-se quan el fred Carnaval vol treure el nas a la boirosa llacuna veneciana. Capses amb collarets de perles, guants, sabates amb sivelles, rastelleres de plomes llises i arrissades, ben bé com els tresors d'un conte de fades. Aquí els tresors són falsos, però no és falsa la intenció. L'homenet s'explica: tothom qui es disfressa per Carnaval, *vol realment* ser allò que representa, i si us hi fixeu, actua. Actua d'acord amb el personatge que ha triat. I una vegada acabada la festa, li sap greu treure's els vestits i desar les perles i les plomes. De brillant s'ha tornat gris: les il·lusions s'han desfet. Jo dono aquesta il·lusió a la gent, i aquest ofici em satisfà més que cap altra cosa.

El botiguer es frega les mans, content d'haver pogut explicar tot això. Francesca es mira una lluna platejada, rosa i blava que va tombant amb un somriure enigmàtic, penjada d'unes cintes de seda blava. L'home l'observa i diu, la lluna és trista, a vegades, però tu te la mires amb el cor. És bona per fer-li confidències, i com que et veig sola, ara te la vull regalar, perquè pensis en aquest venecià que fa feliç la gent. Té.

Despenja la màscara i la dóna a Francesca després d'embolicar-la amb dos dobles de paper fi blanc, amb tota cura, com si emboliqués un núvol. Que t'acompanyi sempre, diu. Francesca està commoguda. A vegades sí que surt a la finestra, quan és de nit, i alça els ulls enlaire buscant lluna o estrelles. Tan amunt, sempre són allà i poden sentir-la, ¿o no? Agafa la màscara i se la posa sobre el pit, com si l'abracés.

Els pares compren algunes màscares per regalar i dues per casa, que facin parella. La mare hi afegeix també dos plomalls amb pedreria que li han agradat. A Venècia sempre hi pot haver sorpreses. Entre tants turistes, cal buscar molt però finalment es troba algú que et vol desvetllar els misteris d'aquesta ciutat que en té tants i que es morirà sense acabar-los d'explicar tots.

* * *

De tornada a casa, Francesca penja la lluna sobre el capçal del llit. En certa manera la vetllarà. La lluna sempre vetlla els que dormen. Com en les oracions antigues, un munt de cossos carnals i espirituals acompanyen cada personeta que és en aquest món. Àngels, verges, sants, pares, mestres, llunes i estrelles, sense comptar gossos guardians, com és el cas dels nens que no volen créixer i que Peter Pan s'emporta.

Francesca ja ha crescut, però a vegades encara pot veure la sabatilla verda de Peter Pan que remena estrelles assegut en un cometa.

S'ha de presentar a declarar i els moments són durs. Li sembla que està preparada. El que no pot sofrir són els ulls de Manuel sobre ella. Creu que d'un moment a l'altre ell saltarà sobre seu i li donarà dues bufetades. És com quan tens por passant un corredor fosc i pensant que t'agafaran per darrera. Aquesta sensació trigarà a desaparèixer. Potser no la perdrà mai més i la seguirà com una ombra. Les cicatrius tenen això: les del cos fan mal quan ha de canviar el temps. Ja ho sabem i no en fem cas. Les de l'ànima també es tornen doloroses quan la memòria les burxa. Ella ho anirà aprenent i hi arribarà a conviure, perquè les cicatrius de l'ànima són més persistents.

* * *

Dani encara va dos dies per setmana a treballar a casa de Francesca. Ha guanyat el premi de narrativa amb «El misteri dels ulls de pedra» i, és clar, diu que vol ser escriptor. Ara té l'esquema d'un nou conte i... Francesca el fa callar perquè l'atabala. De tant en tant li regala un llibre i ell, com sempre, fa ulls de gos agraït.

Francesca es mira les revistes de la mare abans

que aquesta les passi a Magdalena. Sigueu audaços, diu un reportatge: feu l'amor als llocs més estrafolaris, als confessionaris, als armaris, en una botiga de mobles, a la piscina... experimenteu l'emoció de veure si algú us descobreix, és un esport excitant.

Tanca la revista i hi pensa. Sent que els pits li tiben i troba a faltar unes mans sobre el seu cos. Nota un estremiment al ventre. Hi va haver un temps preciós, el temps del descobriment. Semblava que Manuel se l'emportés, com Peter Pan, a volar per les estrelles amagats tots dos en un racó de vellut, encara que fos a la cua de l'univers, a l'última parada de la Via Làctia. Llàstima. Es pregunta què hauria passat si encara...

S'aixeca i es mira al mirall. Pensa que no té remei. Sovint ho fa: es mira ben a fons i s'interroga ella mateixa, buscant-se el fons dels ulls com si els clavés al vidre. La cara se li ha refet, però aquests ulls que veu són tristos i tenen uns reflexos blaus i verds que li fan recordar els canals de Venècia: la recorren tota per dins, i la seva aigua encara porta olor de «Marine blue», de saliva amb regust de licor sec, de... xocolata, però això no ho pot acabar de pensar perquè una barreja de fàstic i una cremor per dins li fa venir basca i potser arribaria a vomitar.

Mai més, mai més. Agafa un retolador i escriu febrosament al vidre, sobre la seva figura reflectida: no, no, no.

* * *

Encara queda una cosa. El psicòleg, finalment, aconsegueix un èxit afegit, que li feia il·lusió especial. El dia que Francesca consenteix a menjar xocolata desfeta per berenar, el pacient psicòleg, que és un jove tossut, s'aixeca de la butaca amb un gest victoriós com Superman o Tarzan o Indiana Jones, i la cara li resplendeix. Pren la tassa amb les dues mans i es beu la xocolata a glops lents, com si fes una representació solemne.

Francesca no es pot estar de riure. De tant riure s'ennuega amb la xocolata, però es calma i se la beu, a poc a poc, com un indi sorrut que accedís, per fi, a fumar la pipa de la pau amb un rival difícil. Després es passa la llengua pels llavis i un clínex per les comissures, no fos que quedessin regalims. I ara sí, ara riuen tots dos, i amb ganes.

* * *

COLUMNA JOVE

1. ORIOL VERGÉS *17 anys, primer viatge a Itàlia*
2. JOAQUIM CARBÓ *El vol del colom*
3. IRÈNE NÉMIROVSKY *El ball*
4. FRED UHLMAN *L'amic retrobat*
5. ALFRED ANDERSCH *El pare d'un assassí*
6. RAIMON ESPLUGAFREDA *Hem nedat a l'estany amb lluna plena*
7. JOAQUIM BORRELL *El bes de la nivaira*
8. AGUSTÍ ALCOBERRO *Una troca embolicada*
9. F. M. DOSTOIEVSKI *El petit heroi*
10. JOSEP FRANCESC DELGADO *Si puges al Sagarmatha*
11. LLUÍS-ANTON BAULENAS *Rampoines/451*
12. MAITE CARRANZA *La nit dels arutams*
13. GEORGES SIMENON *El boig de Bergerac*
14. JOAN PLA *La tornada del cometa Halley*
15. JESÚS BONALS *Viatge a l'interior d'un gra d'arena*
16. ORIOL VERGÉS *Vacances de pares*
17. JOAQUIM CARBÓ *L'honor de Fazel Madani*
18. MÀRIUS SERRA *Tres és massa*
19. GEORGES SIMENON *Set creus en un quadern*
20. JOAQUIM BUXÓ *Contes d'Àfrica*
21. H. P. LOVECRAFT *El cas de Charles Dexter Ward*
22. TOM SHARPE *Wilt*
23. JAUME MACIÀ *Aprenent de detectiu*
24. BROCK COLE *Celine*
25. DOLORS GARCIA *Albert*
26. FRANCESC SALES *Com un xiprer*
27. MERCÈ RODOREDA *Mirall trencat*
28. THOMAS MANN *La mort a Venècia*
29. ERNEST HEMINGWAY *El vell i la mar*
30. FRANZ KAFKA *La metamorfosi*
31. SHICHIRÔ FUKAZAWA *Narayama*

32. WOODY ALLEN *Efectes secundaris*
33. JOSEP VALLVERDÚ *Els genets de la tarda*
34. PERE MOREY *El llaüt de vela negra*
35. FRANCESC SALES *¡És ella!*
36. ISABEL-CLARA SIMÓ *Raquel*
37. JAUME CABRÉ *La teranyina*
38. GEORGES SIMENON *Maigret i el lladre mandrós*
39. JORDI LLAVINA *Les veus de l'experiència*
40. TONI CUCARELLA *Cool: Fresc*
41. JOAN PLA *Els enemics de «Bola de Drac»*
42. WOODY ALLEN *Sense plomes*
43. JOSEP GÒRRIZ *Inquietud a l'aula 51*
44. MOLIÈRE *El misantrop*
45. AGUSTÍ SEGARRA *La Vall dels Forcats*
46. JOAN SALES *Contes d'ahir i d'avui*
47. JORDI SARSANEDAS *Contra la nit d'Oboixangó*
48. JOSEP VALLVERDÚ *La caravana invisible*
49. PERE QUART *Vacances pagades*
50. LLORENÇ VILLALONGA *Bearn o la sala de les nines*
51. MARGARIDA ARITZETA *Un rock d'estiu*
52. WOODY ALLEN *Com ensorrar la cultura*
53. MERCÈ RODOREDA *La plaça del Diamant*
54. PASCAL QUIGNARD *Tots els matins del món*
55. ISABEL-CLARA SIMÓ *La veïna*
56. JOSEP FRANCESC DELGADO *Sota el signe de Durga*
57. PAU JOAN HERNÀNDEZ *Cordada de rescat*
58. JOSEP GÒRRIZ *Complot: virus K-4*
59. JOAN RENDÉ *El llegat del príncep de Larsa*
60. LARA CARDELLA *Volia dur pantalons*
61. JOAQUIM CARBÓ *Amors a primera vista*
62. JAUME CABRÉ *Galceran*
63. RAFAEL VALLBONA *Pis d'estudiants*
64. XESC BARCELÓ *Casa de troncs a la muntanya*
65. ARTHUR CONAN DOYLE *El gos dels Baskerville*
66. ISABEL-CLARA SIMÓ *Una ombra fosca...*
67. R. L. STEVENSON *L'Illa del Tresor*
68. J. F. DELGADO *Havies d'haver posat la Traviata*

69. TRUMAN CAPOTE *Esmorzar al Tiffanys*
70. J. M. DE SAGARRA *Vida privada*
71. IGNASI MORA *Les veus de la família*
72. ANDREU SOTORRA *El Club dels Caps Rapats*
73. JESÚS BONALS *Uns ulls plens de mar*
74. JAUME CELA *Com una joguina trencada*
75. JORDI SIERRA I FABRA *El temps de l'oblit*
76. JORDI SIERRA I FABRA *Banda sonora*
77. XAVIER CASALS *Contra el poder de Gorm*
78. ZLATA FILIPOVIĆ *El diari de Zlata*
79. GLÒRIA LLOBET *¿Què t'angoixa, Núria?*
80. ALBERT CAMUS *L'estrany*